JN111281

学習院女子大学グローバルスタディーズ④

日本近代再考

Japanese Modernity Reconsidered

時安邦治 ［編・訳］
Kuniharu TOKIYASU

M・フェザーストン
Mike FEATHERSTONE

W・シュヴェントカー
Wolfgang SCHWENTKER

玉利智子
Tomoko TAMARI

木村絵里子 ［著］
Eriko KIMURA

寺田 晋 ［訳］
Kuniyuki TERADA

白澤社

カバー・表紙写真＝華族女学校絵葉書

華族女学校は華族の子女のための教育機関として 1885（明治 18）年に四
谷に開校し，1889（明治 22）年に永田町に移転した．絵葉書は新家孝正が
設計した永田町の校舎（1912 年に焼失）である．華族女学校は 1906（明治
39）年に学習院と合併し，平民の子女も受け入れて，学習院女学部となった．
これにより華族女学校の名称は使われなくなったが，その気風は現在もな
お学習院の女子教育に受け継がれている．（画像提供：学習院アーカイブズ）

序──日本の近代を再考するために

時安邦治

『三四郎』が描く近代

　夏目漱石の『三四郎』という作品がある．この長編小説は，明治末期の 1908 年の 9 月から年末にかけて『朝日新聞』に連載され，1909 年に単行本として出版された．この小説の第 2 章の冒頭，たかだか文庫本 1 ページ半くらいの文章で，漱石は日本人の近代の経験を凝縮して描き出している．主人公の小川三四郎は熊本の旧制高等学校を卒業し，大学に入るために東京へ出てくる．三四郎が東京に出てきて，まず驚くのが電車である．電車がちんちん鳴り，多くの人間が乗り降りする．さらに，丸の内を見て驚き，東京の街の広さにもっとも驚く．東京の街は，三四郎には「凡《すべ》ての物が破壊されつつあるように見える．そうして凡ての物がまた同時に建設されつつあるように見える」．これについて，三四郎は「大変な動き方である」という感慨を抱く（夏目 1990: 24）．

　　この劇烈な活動そのものが取りも直さず現実世界だとすると，自分が今日《こんにち》までの生活は現実世界に毫も接触していない事になる．……自分は今活動の中心に立っている．けれども自分はただ自分の左右前後に起《おこ》る活動を見なければならない地位に置き易《か》えられたというまでで，学生としての生活は以前と変る訳はない．世界はかよ

3

うに動揺する. 自分はこの動揺を見ている. けれどもそれに加わる
事は出来ない. 自分の世界と, 現実の世界は一つ平面に並んでおり
ながら, どこも接触していない. そうして現実の世界は, かように
動揺して, 自分を置き去りにして行ってしまう. 甚だ<ruby>甚<rt>はなは</rt></ruby>だ不安である.
(夏目 1990: 24-5)

　自分の生きている世界, 時代あるいは現実が大きな変化を遂げている
という感覚. 三四郎はそれを「かように動揺し」と捉えている. 「かよ
うに」は目の前に生じている現実の変わりようを指示している. 変化し
つつあるというこの感覚こそが, 近代を生きる人々に特徴的なものであ
ろう. さらに三四郎は, 自分が現実から「置き去り」にされていると感
じている. まさに〈変化〉を生きながら, それに置き去りにされている
と意識している自我. この現実の世界と自我との距離は近代的自我のあ
りかたを示していると言えよう. 不安を感じながら, 現実と距離をおき,
現実を見つめる自我は, 社会的行為の連鎖が織りなす世界を, まさに主
体として行為しながら観察し思量するという<ruby>再帰的<rt>リフレクシブ</rt></ruby>な自我なのである.
　三四郎にとって, 熊本と東京の対比は, いなかと都会, 過去と現在,
古いものと新しいもの, 停滞と活動などの対比として現れる. 東京こそ
近代がそれとして感知される空間である. 三四郎は近代に驚き, 圧倒さ
れる. そしてある日, 三四郎は何となくたどり着いた静かな池のほとり
にしゃがみ込んで, 自分と向きあう. 周知の通り, 東京大学のキャンパ
ス内に実在するその池は, この小説にちなんで「三四郎池」と呼ばれる
ようになった.

近代の「再考」とは

　本書は 2017 年 12 月 2 日に学習院女子大学で開催されたシンポジウム「日本近代再考」にもとづいている．このシンポジウムは，国内外からマイク・フェザーストン，ヴォルフガング・シュヴェントカー，玉利智子，木村絵里子（敬称略）の 4 人の研究者を招いて，日本の近代を多面的に捉え直し，その意義を考察するという趣旨で行なわれた（運悪く当日フェザーストンは登壇できなかった）．

　日本は西欧以外で比較的早く近代化を開始した社会の一つである．そのため，日本国内はもとより，海外においても，日本社会の近代化をどう考えるかは重要な研究課題だと言えよう．世界はグローバル化しているという理解が広まるなか，あらためて「日本近代とは何であったのか」，「具体的に日本社会の何がどう変わったのか」，「近代化の日本的特性というものがあるのか」，「グローバル化する世界において日本近代はいかなる意味をもつのか」などを問い直すことが必要となっていると企画者（＝編者）は考えた．登壇者（＝執筆者）には，それぞれの立場や研究のスタンスにもとづいて，「自分なら日本の近代をどのように問題化するか」を具体的な事例や従来の研究成果を参照しながら発表していただきたいとお願いした．本書はその際の発表原稿にもとづくものだが，シンポジウムから書籍としての出版までに長い期間を経ていることから，依頼時に執筆者にはある程度改稿してもかまわないと告げてある．その意味で，本書はシンポジウムの内容そのままではないことはあらかじめ断っておかなければならないだろう．

　ところで，一口に「近代を再考する」と言う場合に，「再考」が二つの意味をもちうる点には注意が必要である．まず，この言葉をそのま

読めば，近代という時代がどのようなものであったかをあらためて考え直すという意味になる．明治維新からすでに1世紀半ほどの時間が流れ，われわれは近代以降の人文・社会科学の成果をふまえて，これまでほとんど注目されてこなかった諸事実にもとづいて近代という時代を新たに捉え直すことができる．また，「近代を再考する」という言葉は，かつて近代とは何かという問いに取り組んだ人々の研究成果や考えを再検討するという意味とも取りうる．したがって，「近代の再考」とは，新たな視座からの近代の研究と，近代についてのかつての研究を批判的に検討することによる新たな視座の獲得という二重性をもっている．当然ながら，前者は後者に依拠し，後者は前者に導かれるという循環関係がある．

『三四郎』を例とするならば，漱石は三四郎の「驚き」を通じて近代社会がどのようであるかを記述しながら，同時に主人公の三四郎が気づかない近代社会についての危機意識をも表明している．先に引用した箇所の直後に漱石は次のように書いている．

　　三四郎は東京の真中に立って電車と，汽車と，白い着物を着た人と，黒い着物を着た人との活動を見て，こう感じた．けれども学生生活の裏面に横たわる思想界の活動には毫も気が付かなかった．——明治の思想は西洋の歴史にあらわれた三百年の活動を四十年で繰返している．（夏目 1990: 25）

漱石自身は急速な近代化（＝開化）の危機を認識していながら（だからこそ小説に取り入れ，後述のように講演で話している），小説の主人公はそのことを明瞭には感知していないという書きぶりになっている．漱石の鋭

敏な知性が抱いた危機意識は，まだ明確には世間の人々と共有されていなかったのであろう．

　さて，それではなぜ近代を再考しなくてはならないのか．研究者はそれぞれの思いがあって近代を再考するのだから，この問いに一様に答えるのは難しい．ただ，多くの研究者が現代社会の課題に向き合うとき，近い過去が何らかの視座やヒントを与えてくれるにちがいないという期待があるのではないだろうか．少なくとも現代社会の課題がなぜそういうことになったのかに答えを見出すためには，近い過去を探る以外に道はない．現在との，ある程度の連続性とある程度の非連続性をもつ時代が近代であり，この時代は現在を考えるための素材（マテリアル）の宝庫である．

　どのような素材をどう扱えばどのような近代が見えてくるのか．また，それによって現在がどう捉え直されるのかについては，4人の研究者の論考を読んでいただくのが一番であろう．舞台の幕が開く前に裏方が御託を並べるのは興を殺ぐことになりかねないが，もう少し編者の問題意識，あるいは編者の気に懸かっている論点を述べておきたい．

ヴェーバーのテーゼ

　文学者であれ，哲学者であれ，社会学者であれ，近代について書こうとした人々は，現実を大きく〈変化〉しているものと見て，そこに〈新しいもの〉を感知し，それが何であるのかを確定しようとした．「近代とは何か」とは，現実の〈変化〉とそこに生じる〈新しさ〉の考究のための問いであった．編者の専門である社会学に引きつけて言えば，自分たちの時代の〈変化〉と〈新しさ〉を見極めようとする再帰的意識は，19世紀後半から20世紀初頭にかけて，学問としての社会学を生み出す．社

会学とはいわば近代の自己認識として成立した学問である．ただし，〈変化〉や〈新しさ〉は必ずしも肯定的に評価されたわけではない．

　マックス・ヴェーバーは『宗教社会学論集』（1920）の「序文」を次のような言葉で始めている．

　　　近代西欧の文化世界に生をうけた者ならば，普遍史的な諸問題を取り扱うにあたって，当然つぎのようなかたちで問いを立てることが許されるだろう．発展の過程を通じて普遍的な意味と妥当性を得た文化現象が——すくなくともわれわれはそう考えるのだが——ほかならぬ西欧の土壌のうえに，しかもそこにだけ現れたのはなぜなのか．どんな事情が積み重なってこういうことになったのだろうか．
　　　（ウェーバー 2005: 170）

　西欧社会にのみ普遍妥当的な文化現象が生じたのはなぜかという問いをめぐって，ヴェーバーは，学問（科学），芸術（音楽，建築，絵画），出版物（新聞や雑誌），大学，官僚制といった例をあげ，とりわけ資本主義に多くの記述を割いて，それらが西欧のみに現れたものだと論じている．合理化の過程が西欧のみに生じたという見解は，現在では西欧中心主義との批判を受けるかもしれないが，この「序文」が書かれた 20 世紀の初頭にはアクチュアリティをもつものであったろう．

　しかし，『宗教社会学論集』が編まれた頃から 1 世紀が過ぎた今，われわれはヴェーバーの考えた合理化の過程が，西欧以外にも生じていることを知っている．西欧以外の地域で，近代化を成し遂げる国々が出てきたのである．日本が典型例かどうかは議論が分かれるところだろうが，

明治維新以後，欧米列強に肩を並べようと急速な近代化を国家プロジェクトとして推し進めた日本は，第二次世界大戦で敗戦したものの，軍事力の拡大を支えた産業技術は戦後に継承され，高度経済成長期を経て，20世紀後半には世界有数の工業国となった．20世紀末にはアジアの香港，シンガポール，韓国，台湾などのいわゆるNIEs（新興工業経済地域）が注目を集めた．2000年代に入ってからはブラジル，ロシア，インド，中国（と場合により最後のSとして南アフリカが加わる）が経済的に大きく成長し，その英語の綴りの頭文字からBRICs（またはBRICS）と呼ばれることとなる．もちろん経済発展を遂げた地域はこれらの国々だけではない．また，経済発展だけでなく，科学技術や学術の面でも，ヘゲモニーとしてのアメリカ・ヨーロッパの優位は維持されているとしても，世界中に教育・研究機関としての大学が作られ，普遍妥当的な知識が生み出されている．法制度にせよ，都市文化にせよ，各国でさまざまなバリエーションがありながら，それでも一定の共通性をもつ文化が発展していると言えよう．

　もちろん20世紀をこのように描くこと自体が，一つのイデオロギーであり，歴史記述として粗略すぎるという批判はあるだろう（その通り．だからこそ本書の刊行に意義がある）．

近代化の語り方

　近代ないし近代化を語る場合，いくつかの問題がある．まず初めに，そもそも近代や近代化とは何なのかという問題がある．近代化とはある社会変動を表す概念だとして，いったい何がどう変化することなのか．社会学の成立期（19世紀後半〜20世紀初頭）に，近代化を捉えるいくつかの概念が提出された．たとえば，フェルディナント・テンニース（1957）

は「ゲマインシャフトからゲゼルシャフトへ」という社会関係の変化に近代の特徴を見出した．エミール・デュルケーム（2017）は人間の社会的な連帯のあり方の変化を「機械的連帯から有機的連帯へ」と概念化した．社会学が提示した社会変動の捉え方は，一方では近代化を問題化するのに大いに役立ったのであるが，他方で（少なくとも社会学においては）近代化についての一定のイメージを抱かせる要因ともなったであろう．鋭敏な社会学者のリアリティ感覚にとって自分たちの社会が何らかの変容を遂げているという実感があり，何とかその変容を概念化しようという努力があった．その結果として生まれた諸概念は，ヴェーバーのいう「理念型」であるはずで，それは近代化の過程の理解にどの程度役立つかは不断に問い直されなければならない．

合理性の非合理生

　第二に，合理化の過程に内在する非合理的なものをいかに捉えるかという問題がある．合理化の過程が近代化のもっとも重要な側面の一つであることは，おそらく異論がなかろう．ヴェーバー（1974, 2005b）は「価値合理性／目的合理性」，「実質合理性／形式合理性」といった複数の合理性概念のセットを提示した．ここで彼の合理性概念の解釈に深入りする余裕はないが，彼が合理化の過程を論じるとき，少なくとも「非合理から合理へ」という単純な進歩図式を示したわけではない．ヴェーバーが描き出したのは，西欧の歴史の中で，ある時に優勢だった合理性は後の時代には劣勢となり，それに替わって別の合理性が優勢になるという合理性の動態である．これはジョージ・リッツア（1999）が強調したことだが，ヴェーバーは合理化が同時に非合理的なものを生み出すことを決

して見過ごしていなかった.

　合理化が生み出す非合理性という文明論的問題を受け継いだ思想家に, 後に「フランクフルト学派（の第一世代）」と呼ばれた研究者グループの中心であったマックス・ホルクハイマーとテオドール・アドルノがいる. 彼らは, アメリカに亡命した後, 1940 年代に西海岸で『啓蒙の弁証法』（ホルクハイマー／アドルノ 2007）を著す.「暗い本」とも言われるこの本の著者たちは, 啓蒙の過程をヴェーバーの論じた合理化の過程に結びつけた. ただし, 彼らは啓蒙を近代になって生じたものではではなく, 神話から始まる西欧文明の一貫したプログラムだと理解した. 啓蒙は神話の時代から, 野蛮を克服しながら, 同時につねに野蛮を伴い続ける. それゆえ, 合理化の過程の行き着く先には, それまで人類が経験したことのないほど強大な野蛮を生むだろう. それこそが第二次世界大戦期に生じた数々の悲惨な現実であろう. ホルクハイマーとアドルノは, 合理化の過程の中で生み出される非合理性のもっとも深刻な部分を問題化し, 批判したのだと言えよう.

　また, 近年ではリッツア（1999）が「マクドナルド化（McDonaldization）」というキャッチーな概念を用いて, 効率性, 計算可能性, 予測可能性, 制御という 4 つの観点から現代の社会システムと文化における（過度の）合理化の傾向を分析し, 合理性の追求によってかえって非合理性が生じていることをさまざまな事例を挙げて説明している. 言うまでもなく, マクドナルド化の議論は, ヴェーバーの合理化論の延長として展開されており, 現代社会論として重要な視点を提供している.

　広い意味で「合理性の非合理性」をテーマとする議論には, ホルクハイマーとアドルノやリッツアのほかにもさまざまなものがあり, ミシェ

ル・フーコー（1977, 1986）の権力論，ウルリッヒ・ベック（1998）のリスク社会論などは特に有名で，現代の社会研究に大きな影響を及ぼした．逆に，「合理性の非合理性」のみに目を向けるのではなく，それを乗り越える契機が合理性それ自体に含まれていることを論じようとした議論もある．ユルゲン・ハーバーマスが公共圏論（ハーバーマス 1994）やコミュニケーション的理性による了解志向的行為論（ハーバーマス 1985・86・87）から熟議民主主義へと議論を展開したのはその一例であろう．それでもなお近代の「合理性の非合理性」をめぐる問いはいまだ解明され尽くしてはおらず，批判的な検討と捉え直しが絶えず要請されている．

普遍性と特殊性の間

　第三の問題として，日本やその他の国々時間的順序として西欧より遅れて近代化したわけだが，その「遅れ」とはどういうことであろうか．この問題は，近代化が単線的な過程かそれとも複線的な過程かという問い，さらには，仮に世界の諸地域の近代化が複線的な経路を辿るとしても，それらの過程はどれも同じ方向に進んでいくのかという問いとリンクする．

　近代化の単線的な経路を確定できるとすれば，どの社会が進んでおり，どの社会が遅れているかは比較的明確であろう．20世紀半ば以降のいわゆる近代化論と呼ばれた理論的アプローチは，近代化は単線的な過程だという前提を共有していたと言えよう．社会発展は経済発展と強く結びつけられ，経済体系はもちろん政治体系，法体系，文化体系および知識体系，人間関係などと，人々の社会意識とが，進歩の図式に位置づけられて進み具合や遅れ具合が判定された．経済的にも政治的にも，そして

道徳的にも，遅れた社会は進んだ社会に追いつくべく「開発」されなければならない．道徳的な開発の要請が時として密かに政治的・経済的な西欧の覇権主義に手を貸してしまうことは，繰り返し批判を受けてきた．

　こうした事情から，現在では近代化を単線的な過程とは考えない立場が主流となったと見てよいだろう．言い換えれば，社会ごとに独自の近代化があるという立場である．けれども，「独自」の近代という論じ方にすら論理的にはいくつかの可能性がある．まず，諸社会は多様な経路で近代化するが，それでもなお近代化自体は普遍史的過程として理解することが可能だという立場がありうる．あるいはその対極として，各社会の発展経路はまさにそれぞれ独自なのであって，近代化という括りで捉えることはできないという立場もありえるだろう．多くの研究者は，普遍性と特殊性の両極の間に，自らの位置（ポジション）を定めようとする．

　第四に，何をもって近代化の度合いを判定することができるかという指標の問題がある．たとえば，政治の民主化の程度は近代化の重要な指標と考えられているが，民主化と近代化の内在的関連について，どれほど明確に理解されているだろうか．『啓蒙の弁証法』の議論を（おそらくは著者たちの意図に反する形で）敷衍するなら，民主主義体制が権威主義的体制へと反動することこそ近代化の進路であるかもしれないのである．

日本における近代

　そして，テーマが日本の近代となると，さらに事情は複雑になる．

　明治維新以後の日本の場合，近代化とは概して西洋化（言葉としては西欧化とほぼ同義）と同一視されたと言ってよかろう．ただし，丸山眞男の見るところでは，日本は社会制度，技術，学術などに関して西欧の近代

化の成果を取り入れていったが，西欧ではその精神的な根幹部分がキリスト教であったのに対し，日本にはそうした精神的支柱がなく，天皇制という伝統の発明によって代替しようとしたために，日本全体で「無限責任」の倫理に支えられた「無責任の体系」を作りあげてしまうことになる（丸山 1961）.

　日本の文壇ではこうした西洋化としての近代化にはかなり早いうちから反省が加えられている．ロンドンでの生活で近代の良い面も悪い面も知っていた夏目漱石は，「現代日本の開化」（1911）において，日本の開化は「外発的」であり「皮相上滑りの開化」にすぎないと看破した．そうして，日本は，西欧が 100 年をかけて成し遂げた内発的発展過程を 10 年ですませるようなペースで，維新以後 40 年ほどのうちに開化を一気に推し進めたのだから，「神経衰弱」に罹ってもおかしくないと皮肉るのである（夏目 1986）．この漱石の認識は，『三四郎』においても示されていた.

　太平洋戦争中の 1942 年，雑誌『文学界』10 月号において，哲学者や文学者を集めた「近代の超克」の特集が組まれている．この特集は，11 本の論文と，2 日間にわたる座談会の記録が掲載されている（河上他・竹内 1979）.「近代の超克の方向」という論文を寄稿した下村寅太郎は，端的に近代について次のように述べる.

　　我々が「近代」と称してゐるものはヨーロッパ由来のものであり，少くとも今日それの超克が問題にされる「近代」は，その外には存しない．それ故我々に於て近代の超克が問題になり得るとすれば，それは具体的にはヨーロッパ的近代との対決に外ならぬ．従つて我々に於ける近代の問題性や超克の方向はヨーロッパの場合と必ずしも

　同一ではない．（河上他・竹内 1979: 112）

　下村は，超克すべき近代は「ヨーロッパ由来」の近代であると断言している．近代が西欧由来のものであるならば，それを超克するためには西欧の文明から離脱することを考えなければならないだろう．ここで問題となるのは，それでは日本独自の近代化（あるいは近代化を乗り越えた次のステップ）はあり得るのかである．第二次世界大戦中であるという事情が，ここで大きな意味をもつ．座談会の座長を務めた河上徹太郎は，「『近代の超克』結語」という文章で日本の知識人の立場の苦しさを吐露している．

　　此の会議が成功であつたか否か，私にはまだよくわからない．たゞこれが開戦一年の間の知的戦慄のうちに作られたものであることは，覆ふべくもない事実である．確かに我々知識人は，従来とても我々の知的活動の真の原動力として働いてゐた日本人の血と，それを今まで不様に体系づけてゐた西欧知性の相剋のために，個人的にも割り切れないでゐる．会議全体を支配する異様な混沌や決裂はそのためである．（河上他・竹内 1979: 166）

　近代化を西洋化と同一視するという単線的な近代化理解は，ここにおいてアポリアに陥る．敵国の知的伝統に拠ってきた日本の知識人は，西欧近代と袂を分かつとすれば，一体どこへ向かえばよいのだろうか．
　日本の近代をめぐる問いは，このように複雑な様相をもつ大きな問題である．近代とは何かという歴史哲学的な問いに拘泥していても，あま

りよい見通しは得られなさそうである．だとすれば，もう少し丁寧に，近代と呼ばれる時代の細かな諸事実に目を向け，それらを拾い集めて近代を見つめ直す作業が必要なのではないだろうか．見落とされ，あるいは忘却された諸事実の中に，ひょっとすると近代を考え直すヒントが見つかるかもしれない．とりわけ，西欧からは遅れながらも，世界のそれ以外の地域よりは早く近代化の道を歩んだ日本の経験の中には，多くのヒントがあるだろう．そうして得られた視座に立つことによって，さらに近代を捉え直す研究が可能になるに違いない．

本書の構成

以下，本書に収録されている4つの論文について簡単に触れておきたい．

第1章のフェザーストン論文は，文化の社会学理論から近代を問題化する際のいくつかの論点に関する見取り図を描いている．同時にそれは，多岐にわたるこれまでの彼の仕事を概観する上でも大いに役立つであろう．論文は社会学における「近代（modernity）」およびそれを語の一部に取り込んだ多数の概念の多義性・多様性・曖昧性についての指摘に始まる．その後，議論は日本の近代をどう考えるかという点に及び，さらに近代における文化と経験の意味を問う作業に至る．そして最後に，近代を超える思考の可能性について検討される．特に，「近代を超える思考の可能性」は極めて深刻な問題提起であり，近代批判はいかなるやり方で可能になるのかは，近代批判の根本的問題である．『啓蒙の弁証法』が西欧の近代哲学によって西欧の近代を批判しようとして陥ったアポリアを知るわれわれは，この問題とどう向き合うべきだろうか．

第2章は，シュヴェントカーによるエミール・レーデラー（1882-1939）

と桑田熊蔵（1868-1932）に関する論文である．ユダヤ系ドイツ人の経済学者・社会学者であるレーデラーは，ヴェーバーやゾンバルトとともに『社会科学・社会政策雑誌』（Archiv für Sozialwissenschaft und Sozialpolitik）の編集・発行に携わり，その雑誌にいくつもの研究を発表した．彼は1923〜25年に東京帝国大学で客員教授を務めた．他方，桑田熊蔵は労働問題を専門とする経済学者で，中央大学教授，貴族院議員などを務めた．彼は1896年4月にはドイツの社会政策学会をモデルとして社会政策学会を立ち上げ，また1896年から98年にヨーロッパに滞在した．桑田は『社会科学・社会政策雑誌』にも論文を寄稿している．ほぼ同時代を生きた2人の間に直接的な交流があったかどうかはいまだ明らかになっていないようだが，ここで重要なのは，専門学術雑誌において西欧と日本の間の研究交流が（さらにこう言ってよければ学習院女子大学が掲げる国際文化交流が）実現していたという事実である．学術雑誌を通じた国際交流はこれまでほとんど着目されてこなかった論点であり，今後さらなる研究の進展が期待される．そして，こうした試みは，近代知を問題化し，それを超える道を模索するフェザーストン（第1章）の問題意識とも照応し，重要な視座を与えるだろう．

　玉利の第3章は近代日本の消費文化に焦点を当て，20世紀の最初の30年に三越百貨店が日本の近代化や消費文化の発展にどのような影響を及ぼしたかが論じられる．もちろん百貨店は商品を売る場所ではあるが，同時に「西洋的なるもの」を一覧させる装置の役割を果たし，当時都市に生じていた新中間層の生活様式に影響を与えた．百貨店こそが，目に見え体験できる空間として近代を具現化し，人々に鮮烈なイメージとして訴えかけた．百貨店の圧倒的な存在感．そこに足を踏み入れ，店内を

眺めたときの高揚感. 誰もが一度は経験すると思われる, 百貨店という消費空間がもたらすスペクタクルに, 玉利は近代の消費文化のありようを見る. また, 百貨店は単に消費する場所ではなく, どのように消費すればよいか, さらには消費によってどのような生活を営めばよいかを教えてくれる場所でもある. 百貨店は「文化媒介者」としての役割をもち, 近代的で合理的な生活様式とはいかなるものかを呈示してくれるのである. 日本の近代における文化媒介者の果たした役割がどのようなものだったか, それは欧米と比べてどのような共通性や差異があるのかは, さらに研究を進めていくべきテーマである.

　木村による第4章は, 近代において美人を「見る」様式がそれ以前と比べてどのように変化したかを論じている. どのような女性が美人であるかの基準は, 時代や地域によって異なる. これはすでに (研究者に限らず) 広く共有されている常識である. しかし, 美人の見方の変化については ほとんど気にされていない. 木村論文によれば, 写真を見て, 意味を読み取り, その意味や経験を共有するための「社会的様式」がある. それは「社会的」であるがゆえに, 社会のありようによって変化する. 前近代から近代への移行とともに, 美人をまなざす様式がどのように変化したか, またその変化は何によって引き起こされるのか, さらにその変化がもたらす帰結は何なのか. こうした問いが社会学的には, あるいはメディア論的には, 重要な研究テーマとなる. 江戸期の美人画は, 描かれる女性の表情に関しては実に抽象的で, 様式化されていた. 別の言い方をすれば, 女性の個性は容貌ないし表情に現れるわけではなかった. しかし, 明治期になって写真技術が輸入されると, 人々は女性の「顔」に着目するようになる. 江戸期の美人画と明治期の肖像写真がたと

え同じポーズや構図であっても，写真をまなざす者は女性の顔つきにフェティッシュに目を引かれるようになる．こうして，われわれは知覚様式が普遍的でないことにあらためて気づくことになる．

　本書の4つの論文は，いずれも限られた紙幅で，限定的なテーマを扱っているにすぎない．それでも新たな気づきはいくつもあり，あらためてわれわれは近代を再考することの意義を理解することになるだろう．また，そうした気づきは，われわれ自身の時代（現代）がどのような過程を経てそうなっているのかへの反省を迫るものである．われわれが「当たり前」とさえ思っていないような当たり前の事柄が，近代の再考の作業からあらためて浮かび上がるのである．

〈参考文献〉

ベック，ウルリヒ，1998，『危険社会』東廉・伊藤美登里訳，法政大学出版局.
デュルケーム，エミール，2017，『社会分業論』田原音和訳，筑摩書房.
フーコー，ミシェル，1977，『監獄の誕生』田村俶訳，新潮社.
————，1986，『性の歴史I　知への意志』渡辺守章訳，新潮社.
ハーバーマス，ユルゲン，1985・86・87，『コミュニケイション的行為の理論』上・中・下，河上倫逸ほか訳，未來社.
————，1994，『公共性の構造転換』第2版，細谷貞雄・山田正行訳，未來社.
ホルクハイマー／アドルノ，2007，『啓蒙の弁証法——哲学的断想』徳永恂訳，岩波書店.
河上徹太郎他・竹内好，1979，『近代の超克』冨山房.
丸山眞男，1961，『日本の思想』岩波書店.
夏目漱石，1986，「現代日本の開化」，三好行雄編『漱石文明論集』岩波書店，7-38.
————，1990，『三四郎』，岩波書店.

リッツア，ジョージ，1999，『マクドナルド化する社会』正岡寛司監訳，早稲田大学出版部.

テンニエス〔テンニース〕，1957，『ゲマインシャフトとゲゼルシャフト——純粋社会学の基本概念』上・下，杉之原寿一訳，岩波書店.

ウェーバー〔ヴェーバー〕，マックス，1974，『法社会学』経済と社会（第2部第1章・第7章），世良晃志郎訳，創文社.

————，2005a，「宗教社会学論集への序文」『社会学論集——方法・宗教・政治』復刻版，浜島朗・徳永恂訳，青木書店，169-84.

————，2005b，「社会学の基礎概念」『社会学論集——方法・宗教・政治』復刻版，浜島朗・徳永恂訳，青木書店，83-168.

日本近代再考◎目次

カバー・表紙写真＝華族女学校絵葉書
（学習院アーカイブズ＝画像提供）

第 1 章

近代を問うこと，文化を問題化すること

マイク・フェザーストン

（時安邦治 訳）

1　はじめに——近代という時代

　われわれが自分たちの時代の虜囚であることは避けがたく，その時代がわれわれの優先順位や価値観を形づくっているのだとよく言われてきた．それゆえ，近代という時代の数々の危機についての感知やその解決の仕方は，時の経過とともに根本的に変化することがある点に注意を促すことは有益だろう．知識社会学の創始者であるカール・マンハイムは，『現代の診断』という本を著し，1941 年に公刊した．マンハイムは同世代の多くの思想家と同じように，自由放任の（laissez-faire）市場社会から計画社会への移行を憂慮していた．しかし，計画社会と五カ年計画を今や誰が憂慮するだろうか．市場中心の自由放任の個人主義と短期収益主義が今日の世界の多くの場所で再び支配力（dominance）を得ると誰が予見できただろうか [1]．あと 75 年もしたら世界がどうなっているかを誰があえて発言するだろうか．たとえわれわれが関わりをもつことができる認識可能な世界がなお存在するとしてもである．

　歴史はますます不確実になる未来に向かってわれわれを駆り立てているという見解こそが近代の中心だと考えてよいだろう．というのも，近

代的なるものはたえずわれわれを新しい時代に連れていくと考えうるからである．ラテン語の modernus は5世紀に初めて，キリスト教の現在と異教のローマの過去とを区別するために使われた．それは新しい時代の幕開けであった（Habermas 1985; Featherstone 2007: Ch. 1）．新しい時代ないし年代の概念化は，過去を貶めて――近代対伝統という――二分法を創り出すことである．近代化肯定派（modernizers）にとって，それ以来過去は伝統という非難語（blameword）を通して見られるようになった――静的で，柔軟性を欠き，頑ななものという意味で．それに対して，現代，つまり新しい時代は，違う世界を生み出そうとしている――そこには驚きと期待と達成があるのである．

　より近年の近代の理解においては，一体となった経済と技術，すなわち「技術経済的サブシステム（the techno-economic subsystem）」と呼びうるようなものこそが，力強い推進力だと見なされている．実験，発見，投資は，イノベーションと進歩の探求，新しさの追求のための合い言葉である．しかし，近代における文化の役割はどうなのであろうか．近代化肯定派にとっては，文化とは静的で保守的で固定的なものである．文化は伝統であり，後ろ向きのもの――遅れたもの――だと見なされる（オグバーンの文化遅滞説を参照）．しかし，このことは何らかの近代文化が存在する可能性を意味するだろうか．それは近代的な衝動(インパルス)を起源とする文化のことである．近代文化は変化や技術経済的前進と共存するものなのだろうか．これは新しさの探求としての文化である．われわれがモダン・アートやアート一般に見出すような，たえず新しい内容だけでなく新しい形式をも生み出していく文化である．さまざまな形態のボヘミア〔因習から自由な生活様式〕とならんで，モダン・アートは市民階級(ブルジョワ)の近代への批判をともない，オルタナティブな見解や生き方を示そうとしてきた．しかし，それは同じ企業家精神や容赦ない創造と破壊――われわれが近代の産業，

ビジネス，金融に見出すような「すべての固定的で常在的なものは煙のように消える」傾向（Berman 1982 を見よ）——に依拠するのだろうか．

　本稿では，われわれはまず近代的なものに由来するいくつかの用語を概観する．次に，近代をどのように位置づけるべきかを問う．第三に，日本の近代と日本の例外主義の問題について簡単に見ておく．第四に，近代における文化と経験の役割を概観する．第五に，われわれは近代的なものを超えて思考することができるか，またこの時に近代文化のアポリアを手がかりとすることができるかについて考えたい．

2　近代的なものと関連する用語群

　新しいものを言い表す用語，未決定と思われる未来を言い表す用語をわれわれはどのように定めようか．新しいものを回生する，あるいは「新しいものをリニューアルする」新しい概念を開拓しようとする努力を見てみると，問題は複雑であることがわかる．1970 年代までは，資本主義（この語はしばしば批判的用語としても用いられた）と近代社会（これは伝統社会と対比されるもので，収斂理論や近代化論という形をとり，アメリカを標準形（テンプレート）として設定する）という用語が好んで使われたと論じてよいだろう．1973 年に石油危機が起こり，またアメリカの覇権が弱まり，グローバル化が差し迫った後に，われわれは新しい時代の転換点に立っているのではないかという断絶の感覚が生じた．おそらくは新しい時代——ポストモダニティ——である．これをきっかけとして，われわれは近代的なものに由来するもっと多くの用語を考えることができるようになった．

・近代（modernity），近代化（modernization），ポスト近代化（post-modernization）

- ハイ・モダニティ（high modernity），後期近代（late modernity），再帰的近代（reflexive modernity），第二の近代（second modernity）
- 未完の近代（incomplete modernity），流動化した近代（liquid modernity）
- トランスモダニティ（trans-modernity），ポストモダニティ（postmodernity）
- モダニズム（modernism），ポストモダニズム（postmodernism），メタモダニズム（metamodernism）
- グローバルな近代（global modernity），グローバルな複数の近代（global modernities）
- 多数の近代（multiple modernities），オルタナティブな近代（alternative modernities）
- ハイパーモダニティ（hypermodernity），反近代（counter-modernity）

　これらの用語は，近代（modern）という語を断念することに対する忌避感を表しながら，同時にその語を差異化し，時代と学術的流行に合わせてアップデートせねばならないという明確な責務をも示している．しかも，この責務は，近代を複数化し，空間的差異を考慮するものでなければならない——そこでは文化は屈しておらず，経済と技術機構（technological apparatus）の必須部分となってとどまり続けている．特にそのように言えるのは，近代と共存する主要な文化的差異を発見し，敬意を払いたいと願望する場合である．世界では異議申し立ての声が上がるようになっていて，さまざまな文化的および文明的 編 制（コンプレックス）に対する尊敬の意を示すために，かつては沈黙していた諸集団が，今では自分たちの視座の価値や高潔さを語り，公言することができるようになった．

　近代とは西欧のものだろうか．もしそうだとすれば，われわれは，この概念装置にグローバルな知識となるような展望を抱けるかどうかに関してそれを問題化するべきではないか．このことから生じる問いは次の

ようなものである．「学術的な概念はどこに由来するのか」．概念装置を無時間的なものと見るのではなく，またつい最近の現代的構築物と見るわけでもなく，われわれが用いる分類法をある特定の時代の特定の場所で生まれたものと見ることができるだろうか．われわれは，西欧というグローバルな知識生産の中心で発展した概念が本質的に優越しているという出来合いの想定でやっていくのか．理論が西欧という中心から流通し，周縁から未加工データが中心に戻るのか（Sakai 1989, 2001）．今やオスヴァルト・シュペングラーが『西洋の没落』（Spengler 1918）を公刊して1世紀以上になる．それでも，歴史と知識の非西洋中心的な概念を求めて今なお苦闘が続けられ，そうした概念が西欧の概念装置を大きく蚕食しているのである．

原動力の探究

それでも，近代の原動力（motor）は西洋にしかないという，影響力のある西欧中心的議論がある．たとえば，デビッド・ランデス（Landes 1998）は，ヨーロッパはより優れた創造性をもっていたことによって近代を発明し，それによって社会構造が刺激されてグローバルな支配力が促進されたと論じている．マルクス，ヴェーバー，テンニースやその他の論者はこの二分法的な思考の別バージョンを用いて近代的なものの断絶と原動力の説明の必要性とを強調した．非西欧社会は「欠如」によって定義されるようになった——非西欧社会は鍵となる推進力（たとえばヴェーバーの世俗内禁欲）をもたず，実質的にエンジンを始動させられない．近年では，ポストコロニアルや他の理論潮流からこれらのモデルを批判する研究が多く現れ，目を引いている（Seth 2016; Venn 2001; Venn and Featherstone 2006 を見よ）．

たとえば，これらの二項モデルの論理には，ジャック・グッディが『歴

史の盗窃』（Goody 2006），『西洋における東洋』（Goody 1996），『ルネサンス──一か多か』（Goody 2009），『ユーラシアの奇跡』（Goody 2009）といった目を引くタイトルの本の中で疑義を差し挟んでいる．これらの本では，ヨーロッパ中心主義が繰り返しターゲットとされていて，民主主義，自由，平等，個人主義，資本主義，恋愛（romantic love），ヒューマニズム，寛容，多元主義，世俗主義といったヨーロッパが発明したと主張しているものものにグッディは異議を唱える．彼はまた，大学，自由都市，文明化の過程，文化のルネサンス，近代科学を発展させたのは西欧だという主張も退ける．もしユーラシアを一つの全体と考えるなら，焦点の当てかたは，機会コストが移り変わり，その結果としてここ2～3千年にわたって何度もさらに広大な大陸の異なった地域の間を経済的優位が揺れ動いてきたことへと移行してもいいはずである．グッディによって提起された類いの議論は，ケネス・ポメランツやその他の人々 [2] によって取り上げられてきた．この文脈で重要なのは，『リオリエント』（Gunder Frank 1998）におけるアンドレ・グンダー・フランクの仕事である．グンター・フランクは，初期の頃に彼がコミットしていた世界システム論を放棄して，次のように主張するようになった．すなわち，中国は過去2～3千年間にもわたりグローバル経済の中心となっていたのであって，19世紀と20世紀という西欧が中心となった短い期間があったが，今や再び中国の支配力が強まっているというのである．知識社会学から見れば，どのようにして中国に対する西欧の態度が敬意から軽視へと劇的に変化し，それまでの肯定的な位相が記憶と学問からほとんど消えてしまったのかは，注目に値する．中国が過去に支配力を誇っていたことを示すものに，17世紀と18世紀の著作家，学者，哲学者の想像力において中国が果たした役割があげられる．アダム・スミスに限らず他の人々も，中国の官僚制の効率性を賞賛している．経済における自由市場の中心性も中国からもた

らされた．事実，重農主義（physiocracy＝自然の統治）によって重商主義を批判した最初のヨーロッパ人は，アダム・スミスではなく，フランソワ・ケネーだった．J. J. クラーク（Clark 1997: 49）はこう述べている．

　　ケネーの革命的な考えは，……重商主義という経済の正説からの解放につながり……，アダム・スミスの自由市場理論に対するケネーの影響はかなり大きい．科学的方法としての経済学の発展に果たしたケネーの役割を近代思想が強調するわりに，その近代思想におけるケネーの位置についての説明でしばしば欠落しているのは，彼が中国にどれだけのものを負っていたかという点である——彼自身の時代に彼が「ヨーロッパの孔子」として広く知られていたにもかかわらず．

　彼の影響力ある考えの一つが無為（wu-wei）である．それは彼が中国の政治経済学から輸入したもので，フランス語ではレッセ＝フェール（laissez-faire）と訳された（Hobson 2004: 196）(3)．さらに，ポメランツ（Pomeranz 2000）は，18 世紀の中国と，それよりは程度が下がるが日本のほうが，西欧よりも自由放任の市場経済という新古典主義の理念にずっと似ていると論じてきた．
　歴史が現在の視座から書かれ，また書き直されることが続くとすれば，われわれはオルタナティブな系譜学に意識的でなくてはならないし，そうした系譜学を掘り起こすことにかなりの努力を割くのをいとわないことが必要である．このことは，グローバルな知識のアーカイブを再構築し，忘れ去られた資料（マテリアル）を再発見し，学術分野の知識に関する既存の分類法を解体して，できるならば新たな分類を生み出すことにつながる．グローバルな知識のバランスが変化し，中国や BRICs (4) が登場したことで，新

31

しい価値関連性の感覚が生じている．中国は現在，アーカイブを再構築しており，以前に盗まれたり販売されたりして世界中に散在してしまった資料を購入しまとめ直している．これこそが新しい知識形成の基礎なのである．

　それはまたグローバルな知識を問題化する必要性にもつながる．つまり，諸々の概念や偏見（prejudices）――われわれの現在の学術装置に埋め込まれた先行判断（pre-judgements）――の起源を反省する必要性につながるのである．もちろん，英語がグローバルな学術言語として支配力を有し，学術上の分業が行なわれ，ヨーロッパの形而上学に根をもつ真理の体制（レジーム）があることから，たとえ今後数百年間でグローバルな権力バランスの大きな変化が起こるとしても，西欧の概念装置に急速に脱埋め込みが生じるのを目にすることは難しいだろう．問題となるのは，反対概念や，非西欧の経験から引き出された思考実験が，あまり大きな重みをもたないことである．たとえば，インテレクチュアル・ヒストリーの研究者であるピーター・バーク（Burke 2009）は，西欧の概念装置の循環性を指摘した．もしわれわれが一例として「封建制」について世界規模で研究しようとする場合，その概念をヨーロッパの用語で定義することから，結果として封建制が主にヨーロッパ的なものであることを発見してしまうといった事態を避けるのは困難である．彼が求めるのは，概念の流れを逆転させて，アジアに起源をもつカテゴリーによって思考するという試みである．たとえば，徳川時代からもってきた「浮世（the floating world）」という日本語の概念を使って，初期近代のヴェニス，パリ，あるいはロンドンを分析するのは生産的だろうと彼は論じている（Featherstone 2009 の議論を見よ）⁽⁵⁾．

3　日本の例外主義

　日本の事例を考察すれば問題がもっと明確になるだろう．いくつか
の議論（池上 2005）にあるように，審美化された共通の市民文化（civic
culture）をすでにもっていたという意味で，日本は徳川時代にはすでに原
近代（proto-modern）に入っていたのだろうか．しかし，たとえそのことが
事実であったとしても，1868 年の明治維新の後には，近代に加わろうと
する，いっそう意識的ではっきりした意図があった．実際のところ，近
代はプロジェクトとなった．明治の改革者たちは，徳川時代の江戸文化
との断絶と新しい時代への移行を強調したがった．しかし，この新しい
時代というのは，旧来の形式の内部での新しい時代であった．天皇制が
再活性化ないし再発明されたが，それは西欧の諸国民の成功をモデルに
した国民国家という機構を発展させる改革と一対になっており，それに
よって西欧の軍事力と経済的支配力の脅威に直面してなお独立を維持で
きたのである．明治の視点から見て，過去とのこの断絶は，過去を伝統
として——反復的で，静的で，硬直的なものとして——構築することが
有効であるということを意味している．もし福澤や明治の改革者たちが
新しい時代を文明，進歩，国（nation）として構築するのに躍起になって
いたのだとすれば，江戸時代は時代遅れで，封建的で，退廃的なものと
して再発明された．グラック（Gluck 1998: 272）はこう言う．

　　　ある三段論法が形成された．近代とは西欧化であり，日本は今
　　　近代的（モダン）である．したがって，日本は西欧化している．つまり，日本
　　　はもはや日本ではない．

　しかし，西欧化された新しい近代に失望した時，責めを負うべきだと

見られたのは西欧的な要素だった．オルタナティブな近代を見出す冒険が始まった．けれども，いっそう精神的に純化され軍事に傾倒した日本の近代は，軍事独裁（つまりファシズム）へと進み，新しいプロジェクトを生み出した．この潮流は（西田〔幾多郎〕，田邊〔元〕，西谷〔啓治〕といった）京都学派の著作の影響と見ることができる．彼らは西欧の植民地主義から自由であるようなオルタナティブなグローバル化について考え抜こうとした．この実験は第二次世界大戦の敗北で失敗したが，ハルトゥーニアン（Harootunian 2000）の本のタイトルに取り込まれたテーゼにつながっている——すなわち，日本には「近代による超克」が起こったというテーゼである．

日本経済の成功があった1980年代には，どうやら日本の近代には優越性があるようだというアメリカの不安が，メディアで取り沙汰されるようになった．アメリカの権勢が相対的に低下したのとあいまって，『自動車絶望工場』（英訳版 1983）などの本や，さらには〔1993年公開の〕ハリウッド映画『ライジング・サン』（Raz and Raz 1996）が，この恐れを煽った．日本の差異が主張されただけでなく，日本は実際にゲームでリードしていた——ポストモダンというゲームで．日本は，シミュレーションやたゆたう（free-floating）記号の戯れといった特徴を体現していると見られるようになった．1980年代のかなりの理論家がそれらをポストモダンの主要な特徴だと見なしていた．この点をさらに敷衍する解説者もいて，「浮世」という考えをもつ江戸文化がすでに，日本がゲームでリードしていたことの模範であり記号であった．実際，「日本のプレモダンは実はポスト〔モダン〕」（Gluck 1998: 275）であり，日本は近代になる前にどうやらポストモダンに至っていたようである．

このことは，現在によって過去が絶えず再植民地化ないし徴募されることにつながる．確かに，もし近代が新しいもの，別の未来の予期のこ

とを言うのであれば，現在において近代とは何かが定められていく一瞬
一瞬が，現行の価値編制や一連の関心事から見た過去の再定義だという
ことにもなる．このことが示唆しているのは，絶え間ない刷 新の過程
であり，その過程は，世界についての新しい理論や視座を創り出そうとす
る知的，学術的な努力だけでなく，グローバルな権力バランスの広範な
変化のインパクトによっても引き起こされる．この権力バランスの変化
の中に巻き込まれた国民国家は，特定の時点でさまざまな物語を考案し，
奨励することで対応する．大きなカテゴリー（master-category）としての近
代は，ここ1世紀ほどにわたって，日本の歴史においてかなり大きなウェ
イトを占めている．近代は，追い求めて達成するべきものから，抵抗す
べきもの，古めかしいものになった．それはついにハイブリッドで多義
的なカテゴリーになり，歴史の旅を経て，その意味が現在の関心事に合
致するように進化したのである．われわれは近代をそれ自体のメカニズ
ムと大きな論理によって生じるもののように考えることがしばしばある
が，その場合に近代というカテゴリーの意味変化がさらなる問題を生む
ことになる．この点は，近代において文化がどのように扱われるかを詳
しく見ていくと明らかになる．

4　文化と近代

　近代との関連で，なぜ文化が重要なのか．西欧の学術装置が近代につ
いてある特定の概念を生み出し，それが単に西欧の事例と価値編制に反
響しただけだということもありうる．文化は発明の才（inventiveness）にお
ける西欧の優越性という想定に暗黙のうちに埋め込まれている．それは
内面世界で訓練された行ないのある特定の形式，またはその他の独自と
言われているような要素のことである．しかし，世界は限られた数の文

明のブロックに簡単に分かれてしまうという想定，あるいは社会生活の一般形式（generic forms）は国民国家社会であるという想定は，特に近代的なものであり，それ自体が概念装置の中で中心的な位置を占めるべく西欧で創り出されたものである．19世紀と20世紀における国民国家の大規模な拡大は，共通の形式をとる一連の命令に従う傾向があった．国民国家のグローバルな競合関係は，生政治やその他の方法によって国家の潜勢力を効果的に動員し増大させなくてはならないというある種の内面的命令を押しつける．それゆえ，社会学の内部では，国の内部と外部との諸関係には目を背けたままで，国民国家という容器の中の内的要素に焦点を当てる傾向があった．このこと自体は，西欧の知識と文化が優越した形式として世界のさまざまな地域に輸出され，定着していった点を閑却する結果を孕んでいた．こうして，西欧の概念装置が標準形となって，それに照らして西欧以外の全ての社会が評定を受けることとなった．不運なことに，社会生活の共通の一般形式に焦点を当てることで，（軍事的，経済的，文化的および知識の）有力な<ruby>有力<rt>プレドミナント</rt></ruby>な諸形式のグローバル化が支配<ruby>支配<rt>ドミネーション</rt></ruby>と，それらの関係する編制と，不均衡な権力バランスとの結果として生じていく点が閑却されがちになる．しかし，それらは西欧の支配的地位とともに生じたものである．

　それゆえ，近代の文化の役割に焦点を当てることによって，複合的な問題群が浮かび上がってくる．これらはしばしば起源をめぐる基礎的な疑問から生じる．すなわち，ある時点のある場所——つまり西欧——で近代を生み出した一連の出来事を引き起こした文化的メカニズムと言われるものの発見をめぐる疑問である．近代内部での文化変動——その過程を引き起こすことが可能にしたと思われる独自の内在的な要素群——を発見することが西欧には許されるのだが，他方，これは西欧の外部では否定される傾向にある．西欧の外部では，前近代の文化は伝統として，

すなわち変化や革新を妨げる，文化の隔絶的で（isolated）静態的な編制
として描かれる傾向がある．しかし，ひとたび戦争，征服，植民地主義，
不平等条約，経済的支配といったものによって非西欧の国民国家が西
欧との関係に引き込まれると，それらの国々が近代化するにつれて，多
かれ少なかれ西欧の文化形式に似た特定の文化生活の形式が発生し，発
展することが十分に予想される．この過程は，西欧による直接，間接の
支配や，特定の軍事的および行政的な形式の自主強制や，あるいは消費
資本主義のような経済的，社会的な制度的編制によって引き起こされう
る．そして，これらの作用で特定の成長の道筋ができあがっていく．日
本のような徹底した西欧の支配をどうにか免れた国民国家社会では，自
己防衛の方法として西欧のやり方を国際社会での潜勢力を最大化するた
めに採用する必要性が，これらの過程を促進していく面もある．ようす
るに，西欧の優越性がそれを眺める人々に対してグローバルなかたちで
明示されると，一方には模倣したいという願望をともなった「強権的な（パワフル）
ものとの同一化」があり，他方には不適切さと恥という新しい感覚があっ
て，両者の間を揺れ動くことになり，それらが入り交じった両義的態度
を生み出すのだろう．

　このことから，近代に対するいくつかの文化的次元，あるいは近代文
化を概念化するいくつかの方法というものを確認できる．かなり単純化
すると，われわれは文化の二つの基本形式を確認できる．

文化 1.　これは国民文化として形成されていく可能性のある伝統文
化である．この文化の捉え方の一つには，伝統と近代という二項対
立の場合のように，伝統と結びつけられる文化がある．しかし他方，
近代化肯定派の視座からは，それは残存した邪魔もの，迫り来る近
代の文化的編制の障害となる何ものかだと見えるだろう．国民文化

の形成には，国民の統合と一体性を生み出す共通文化という神話を
創り出すために，土着の伝統の再発明をともなう．これはファシズ
ムに見られるように，民族の共通のアイデンティティという人種主
義的神話を含む．

文化2. これは事実上，近代の新しい技術経済的機構に近似したか
たちで下から生じる近代文化のことである．それはいくつかの要素
を含む．第一は文化的圏域としての文化であり，印刷文化とメディ
ア文化である．たとえば，パンフレット，新聞，本であり，20世紀
には映画，ラジオ，テレビ，デジタル・メディアとソーシャル・メ
ディアが加わる．第二は消費文化であり，専門化した環境での物質
的な商品（グッズ）の世界の拡大である．たとえば，アーケード，百貨店，モー
ル，あるいは広告と生活スタイルのアドバイスといったものである．
第三に，モダン・アートや現代文化であり，高級文化，近代の知的
で芸術的な対抗文化などである．

文化1――国民文化と伝統としての文化

この観点では，文化は生き残った残余である．近代の中心的な動態の
一つを脱伝統化（de-traditionalization）と特徴づける者もいる（Beck et al 1994）．
伝統は，新しいものに抵抗する無反省な（non-reflexive）習慣的活動である．
近代化肯定派にとっては，伝統は非難語であり，進歩の障害となるもの
を指している．しかし，社会学はしばしば，ゲマインシャフト，つまり
定住的な（settled）統合的共同体という過去の不正確なイメージを用いる
傾向がある．これは流動性（mobility）――移動，暴力，戦争――を度外視
するイメージである．それはまた，伝統が現在によって絶えず編集（キュレート）され，
再発明される点を度外視する――たとえばホブズボウムとレンジャーの

『創られた伝統』（Hobsbawm and Ranger 1994）を見よ．技術が果たした役割と同様に，新聞の朝刊を大多数が一斉に読むようなことも統合的共同体の感覚を与えることを可能にした．これは想像の共同体としての国民というベネディクト・アンダーソン（Anderson 1991）の考えに示されている通りである[6]．ここでまた関連があるのは，アパデュライのポストコロニアルの想像の共同体の描写である（Appadurai 1994; Featherstone 2001 の議論も見よ）．彼が論じているのは，現在のインド人のディアスポラが携帯電話やインターネットといった新しいコミュニケーション技術によって結びついているという点である．世界中に散在している移民は，強いインディアン・ナショナリズムを生み出して故国に逆送し，インドとは何であったか，また何であるべきかについての自分たちのイメージを定着させるうえで重要な役割を果たしている．

　問題は，いかなる文化も島——孤立し，境界をもち，境界で分け隔てられたもの——として見るべきではないということである．伝統文化にせよ国民文化にせよ，文化という概念は——それによって誰もが意思疎通できる単一の言語をもつ——定住的な，高度に統合された，一様に受け継がれた共通文化を意味する．むしろ，文化はいろいろなものが混じり合って塊になっているものである．宗教的な文化もしばしば渡る（migrate）——仏教はインドから中国を経て日本に伝わった．したがって，伝統文化はさまざまな言語共同体が混成したものとして多言語的であり，人々は言語共同体において言語が複数混じり合った訛り（interlingual patois）を覚えるのだと考えるほうがよい（Sakai 1989, 2001）．共通文化としての単一の統合的国民文化は，教育機構の整備と放送メディアによる支援が必要となるプロジェクトだと捉えるほうがよい——明治国家で発展した共通文化がそうであったように．

文化 2——文化的圏域としての文化

文化的圏域とは，近代における技術経済的機構の拡大によって生産される文化のことである（Featherstone 1995: Ch 2 を見よ）．ここで，われわれはいくつかの標準的なタイプを確認しておこう．

①公共圏

これは主として，出版文化のような新しいコミュニケーション技術に依拠したものだと考えられる．ヨーロッパでは，宗教改革によって下からの意見が大きく湧き出して，検閲と知識の統制にいたるきっかけになったと見なされている．同じように，18 世紀には，新聞と小説の読者が拡大するとともに，コーヒー・ハウスやサロンといった議論や討議に特化した場所が生まれた（Habermas 1989; Mannheim 1956）．しかし，公共圏は単一の統合的文化とは反対のものである．というのも，それはどちらかと言うと，差異の空気に触れるための場所であり，差異を生み出すためのプラットフォームだからである．公共圏を捉える一つの方法は，固定化されない（unstable）アーカイブにリンクし返すような言説のためのプラットフォームというものである．そのアーカイブでは，現在の問題（イシュー）の観点から特定のテーマやトピックを再浮上させ，議論できるように枠組みを設定するのである（ハーバーマス［Habermas 1981］はより良き議論の力を強調し，フーコー［Foucault 2001, 2019］は発言を恐れないことを強調する）．同時に，この議論のモデルが普遍的であることを前提としてはならない．中国や日本のように，指導の方法や適切な公的振る舞いの感覚には異なるものが多数あって，たとえば，儒教では疑いをもたずに敬意を抱くことや，長幼に基づく指導の方法が重視される．イギリスや他のヨーロッパ諸国で高貴な生まれでない人々や普通の人々が君主国を制限するために用いて成功した戦い方は，結果として外部者（アウトサイダー）の集団が何らかの権力をもつに至

り，王に対しては民主主義的な統制がなされることになったのだが，東アジアで再現されることはなかった．それゆえ，近代を支える上で公共圏と民主主義の体制づくりが果たした役割は，議論の余地がないと考えてはならない．こうしたことから，近年，中国やロシアといったグローバルな大国において政党，寡頭政治，非民主的統治に関する出来事が起こっており，民主主義は必然的に近代にともなうものだという想定に疑いが投げかけられている．

②消費文化

　消費文化の起源は，宮廷社会の洗練された消費と流行システムに応えるために16世紀のヨーロッパで著しく発展した奢侈品貿易にまでさかのぼることができる．それをゾンバルト（Sombart 1967）は，彼のマックス・ヴェーバーへの反論の中で，資本主義の起源の鍵となる要素だと見なした．植民地主義は奢侈品のより安価な代替物を提供したが，19世紀と20世紀における大量生産の発達とともに，奢侈の民主化に向かう動きがあったと論じられている（Williams 1982）．消費文化は，アーケード，百貨店，モール，映画館，ダンス・ホール，リゾート，テーマ・パークといった場所で，より広範な物質的および非物質的な商品と経験を提供してきた．広告とアドバイスが，消費者に対して生活スタイルを発達させるように請い求める．つまり，自分の身体，暮らし，生活環境をスタイリッシュにして審美化することに関心をもつように言い寄ってくるのである．この点で，広告とアドバイスを助けたのは視覚メディア，特に映画であった．これについては，戦間期，ハリウッド映画が当初は贅沢な「夢の宮殿」で観られていた．映画，その後はテレビ，さらに近年ではインターネットが，ある種の仮想的な流動性を促進する一連の機構を提供した．モバイル・デバイス（電話，タブレット，パソコンなど）の価格が下

がり，小型化したことで，入手が容易になり，移動中もいろいろな場所〔ロケーション〕で利用できるようになった．このようなデバイスは複合してスクリーン文化を形成する．スクリーン文化は，若さ，健康〔フィットネス〕，美，恋愛〔ロマンス〕，異国趣味の文物を繰り返しイメージとして見せるだけでなく，消費に関する背景情報をも提供する．消費文化はある特定の自己実現や自己表現を果たそうとする助けとなる（Bell 1976）．その中で，人々は「自分自身の企業家」となるように働きかけられ（Foucault 2008: 226; Featherstone 2013），最大の悦びが得られるように企図〔デザイン〕された一連の変身実践（transformational practices）に取り組む．生活スタイルの洗練（lifestyle cultivation）はまた，文化産業の拡大が刺激を与える他の諸過程からも影響されている．文化産業は文化への活発な関与という形象（imagery）に依拠している．ここで重要なのは，「生活のアーティスト」というイメージの編制である．これは，ボヘミアの暮らしを送ったり，自分の外見や自分らしさ〔ペルソナ〕に特に気を使って洒落た男〔ダンディ〕のような暮らしの様式化に心を砕いたりする人々である．近代のアート化された生活様式は「自己発明（self-invention）」，つまり実験と逸脱を強調する．それはフーコー（Foucault 1986）が，近代の都市生活の暗い面を経験し称揚する新しいやり方を主張するうえでボードレールが果たした意義を扱った議論で述べた通りである．

③モダン・アートと文化

　ある意味で，ボヘミアンたち（絵を描かないアーティスト）やそうする〔絵を描く〕人々——モダン・アートに従事する人々——は近代の対抗文化（counter-cultures）だと見なすことができる．彼らのアートや暮らしは，ブルジョワのしきたり通りの堅苦しさや偽善に対立するだけではないであろう．急発展する近代都市のエンターテインメント領域で彼らが目につくようになったことは，目指し甲斐のある目標を与えた．マネが絵画

で起こした印象派の革命以来，モダン・アートは実験的な方法を採用してきた．その方法は，新しい対象物（印象派にとっての日常生活と都市，ピカソにとってのアフリカの仮面，デュシャンにとっての既製品）を探し求めただけでなく，モダン・アートそれ自体をどう見るか，また利用するのに適した題材<ruby>題材<rt>マテリアル</rt></ruby>とは何かに関するより複雑な反省もあわせて探し求めるというアヴァンギャルドの動態を有していた（Burger 1992）．実験的な方法をこのように強調することから，経験の本性を掘り起こすことに対する感受性が見てとれる．実際，単に捉えるだけではなく，構成すること，形づくること（forming），形を崩すこと（deforming）を通じて呈示の仕方をも問い直したのである．その中で，フレームを与える物や題材はそれ自体として，われわれの知覚構造の働きを開放するために，絶えず反省されている．実験をして，アートの境界を絶えず刷新し問題化し拡大しようとする願望をもつことは，しばしばアート作品の構築につながる．そして，その作品は，来訪者に衝撃を与え，来訪者を拒絶して，アート作品をアーティスト自身が捉えようと努力している通りに考えることを来訪者に強いる．そのアート作品は，われわれに世界を異なったように，すなわち新しいものとして見ることを要求するのである．ロバート・ヒューズ（Hughes 1980）が明確に定式化した通り，「モダン・アートは新しいものの伝統（the tradition of the new）である」．

5　近代の経験

　さて，こういう問いが出てくるだろう．近代の中で発展してきた新しい種類の文化とはどういう性質をもつのか．言い換えると，新しい感受性や経験を生み出しているように見える新しい種類の文化とは何なのか．この問いに答えるには，2つのことに焦点を当てなければならない．第一

は近代における新しい経験の性質と範囲の概容を示すことであり，第二は形成と伝達にとって中心的となるさまざまなメディアについて究明することである．今日の近代において経験は高度に媒介／メディア化された（mediated/mediatised）性質をもつことから，それら2つのアプローチを切り離して，経験それ自体について語ることはもちろん困難である．近代社会に特有だと見なされる傾向のあるいくつかの種類の経験をあげてみよう．しかしながら，前近代や近代初期に明らかな先行例がある場合もある．

流行システム

これらは宮廷社会の中の刺激によって発展した．やがて，新しい流行は奢侈禁止法に打ち勝って，中流階級や下層階級に模倣されるようになった．流行の重要性を示すものの一つは，中世後期にインディゴ染料〔藍染の染料〕が金よりも価値のある商品となった事実がある（Taussig 2008）．

旅

人類が動くものとして造られたのだとすれば，移住，流動性，旅は長らく社会生活の中心であった．これは2つのことを含む．すなわち，出て行くこと——旅行などに見られる他の場所への期待——と入って来ること——他の場所からわれわれのもとへと商品や模造品が持ちこまれること——である．1851年の〔ロンドン万博の〕水晶宮や，ジンメル（Simmel 1997b）が描写したベルリン見本市のような世界博覧会は，百貨店とともに，遠く離れた場所からの商品や貴重品をまるごと一式提供した．そうした商品は新しい産業美術や工業デザインによって供給され，一連の新しい経験や感動を提供することとなった．ジンメル（Simmel 1997a）やベンヤミン（1999）は，新しい形式の都市生活のスピードとショックを

捉えた．あるところで，ヴァルター・ベンヤミン（Benjamin 1973: 106; Frisby 1985: 54 での引用）は，近代の特徴的な経験とは神経衰弱，大都市の住人，顧客の経験であり，そのいずれもが生産過程からは生じてこないと言っている．また，ゲオルク・ジンメル（Simmel 1990, 1997a; Frisby 1985）の観察によれば，貨幣経済と都市生活の結果として，落ち着かなさ，切迫感，神経の緊張，興奮が増幅し，それらから新しいタイプの近代の神経質な性格が生じて，ノイローゼ，広場恐怖症，その他の精神状態にとらわれてしまう．近代の大都市は，スピードとショックという新しい条件を生み出す．たとえば，大量の人間と機械が行き交う中を，反作用的な自己防御的無関心や無感動な態度を呼び起こしてしまう危険にさらされながら，人々が移動する場合のように（Featherstone 2020 近刊）．

　消費文化は新しい種類の商品，経験，選択肢をもたらす．われわれが百貨店や世界博覧会で目にするように商品は大量かつ多種多様（heterogeneity）であり，商品が提供する可能性と選択肢が実に広範であるために，商品の世界の拡大は圧倒的で，疲弊を招くものになるだろう（Simmel 1997b）．ジンメル（Simmel 1997c）にとっては，これは，われわれが主観的に消化吸収できる容量を超えた客体的文化の増大につながる（Featherstone 2000, 2006）．人生は賭けとなる．われわれは，正しい選択をしたかどうかわからず安心できないままに，過去の選択の結果に流されながら生きていかなければならないのだから．しかし，ヴァルター・ベンヤミンにとっては，この新しい消費の世界は，商品，広告看板，ラベル，イメージなどを新奇なやりかたで並置（strange juxtapositions）し，半ば忘れられた記憶やイメージを取り戻すように作用して，断片化した寓話_{アレゴリーズ}を呼び起こした．その結果，新しい見解や考え方が生まれてきた．流れゆく人生に開かれていること，近代的な形式のもつ独特の動き，エネルギー，はかなさに敏感であることは，注意散漫に世界を見ることにつな

がりうるものであった. 夢のような 感　覚 をもたらしてくれる新しい
並置と知覚を生み出すことと相応するのが, 映画でのモンタージュ技法
の利用である. ベンヤミンは有名な『パサージュ論』(Benjamin 2000) にお
いて, これらの感覚を展開している. 彼はパリに関する素材の巨大なアー
カイブを造りあげようとした. パリこそは彼が 19 世紀の首都だと見なし
た場所である. 問題となるのは, 印象的な都市の建物やモニュメントから,
がらくた店にふんだんにある本, 玩具, 葉書, 市電の切符にいたるまで,
あらゆるものについて集められた新聞, テクスト, 記号, イメージなど
の巨大なコレクションをどのように秩序づけて, 意味を与えるかであった.

アーカイブ, 記録, 統計データ, そして記録メディア

このことは増大し続けるアーカイブと関連しており, 近代における知
識の組織化にとって中心的な事柄である. 文献資料化 (documentation) と
記録への動きは, 多数の近代的施設にある規律と訓練の機構が発達した
ことから影響を受けている. そうした施設とは, 監獄, 学校, 病院, 兵舎,
保護施設, 診療所などであり, いずれもがそれ自体の記録と個々の事
例の歴史をもっている. フーコー (Foucault 1979, 2008) も, 近代において
は, 出生率, 疾病, 死亡率等の統計的知識を発達させることを目的として,
人口集団全体に関して第二レベルの統制がかけられると述べた. この生
政治的な統治性の全般的な目的は, 国家の権力のポテンシャルを高める
ために人口集団をより生産的な資源にすることである. 権力のポテンシャ
ルとは, 国家が準拠集団となっているライバルの国民国家と経済的, 軍
事的に競争する 能 力 のことである.

フーコーはまた人口分析と関連するさらなる効果について論じた. そ
れは人々の生に関するものだけでなく, 商品や 物　品 の動きに関する
データを発達させた. これは政治経済学 (the science of political economy) の

発展の基礎であった．政治経済学は市場における価格の上下変動に関する統計表をもっており，それがより洗練された銀行業や株取引のシステムの基礎を形成した．そうしたシステムが頂点を迎えたのは，1986年に世界の株式市場が統合されて24時間の取引が可能になり（Dezalay 1990; Featherstone 2001），また巨大なデジタル化された経済機構が発展した時である．デジタル化された経済機構は高速の取引と機械でプログラムされた売却をともなうため，多数の複合的な新しい現象が生じており，コンピューターのせいで引き起こされるかもしれない新しい形の金融危機が発生するかもしれない．たとえば，2007・08年に生じた金融危機は，規制し統御することがますます困難となっていた（Arnoldi 2015）．

　もし，現在の社会生活の多くの面を支えている，記録とアーカイブの管理をめぐって世界大戦後に発達した2つのものを考えるとすれば，サイバネティクスとコンピューティングの発達があげられるだろう．それらは，「官僚制と世界の合理化」（Weber 1948）や「全体的に管理された社会」（Horkheimer 1973）といった見解に新たな修正を加える重要な過程として際立っている．

　すべての種類の感覚的与件（sensory data）を記録するためのメディアの発達を展望しよう——写真のイメージ，音声，そしてついに他の感覚までも相互に接近してきている．感覚器官が非人間的な形態（赤外線，X線，ならびに常に洗練され続けている測定装置）にまでその範囲を広げ，またあらゆる種類の情報がデジタル化されているように．21世紀の社会はあらゆる種類のデータに満ちていて，データ記憶装置とほぼリアルタイムのデータ検索の大きな可能性を有している．近代は，自動車，列車，飛行機のように物理的な移動性を高めるための高速の輸送手段を生み出すだけでなく，情報がわれわれに伝わる速度を，1000分の1秒を争うくらい劇的に早めた．時空間の崩壊ないし圧縮のおかげでわれわれは世界

中をより高速に移動できるようになるが，それを補完しているのが，デジタル情報の巨大なアーカイブを形成するヴァーチャルなものを呼び出すことのできる速度である．このアーカイブがあらゆる文書，イメージ，音声を取り込もうとしているのである．1990年代以降の示差的特徴は，ポータブルなノート型や携帯電話のようなハンドヘルド・デバイスの形でパーソナル・コンピューターが発達したことである．これらのおかげで，さまざまな場所からデータ・ネットワークやインターアーカイブにアクセスできるようになっている．しかし，データ探索や情報検索，広範な商品やレジャー体験の購入のためにユーザーに提供される便利さは，消費社会と管理社会の複合が起きている点を覆い隠す．Facebookのようなソーシャル・メディアのプラットフォームは，個人データ——写真など——を公開して表示する当たり障りない方法に見える．けれども，〔SNSの「いいね！（Like）」ボタンを押すことが購買を生むことから名付けられた〕「ライク・エコノミー」の背後にあるアルゴリズムは，われわれをプロファイルし，われわれのデータを得るために，われわれの選好に合わせ，また選好を追跡するように設計されている（Beer and Burrows 2013; Srnicek 2016; Zuboff 2019）．監視プラットフォーム資本主義（surveillance platform capitalism）の時代には，われわれのあらゆる動きと選好が記録されていて，データはリアルタイムか蓄積されたものかを問わず，広告主や他のエージェンシーに売る価値があるということが明らかになった．FAAMG（Facebook, Amazon, Apple, Microsoft, Google）として知られる5つのハイテク会社はすべてトップを走るグローバル企業であり，まったく当然ながら，それらの創業者たちは，500億ドル以上の個人資産をもつ，世界でも最上位10人くらいに入るもっとも裕福な人々である．

　加えて，強調しておく必要があるのは，このデジタル化されたインターネットの非物質的情報システムは，都市のインフラストラクチャー

と商品の世界における変化によっても補完されていることである．RFID（radio-frequency identification）〔近距離無線通信を用いた自動認識技術〕の装置が，消費財や容器（バーコードやQRコード）を追跡できるように，それらに取り付けられるようになった（Hayles 2009; Crandall 2010）．事実上，都市は接続されていて，通りや建物に埋め込まれたコンピューター・チップが絶えずわれわれ自身のデバイスや分析担当の会社や当局と「会話」をしている．生体認証の埋め込み装置（biometric implant）もまた，生体のデータを収集し，監視し，分析するのに役立っている（Sanders 2016）．さらに，顔認識による監視，ロボット工学，機械学習といったものを含め，生活の多くの領域で人工知能の利用も拡大している．このように，新しいパラレル・データワールドが誕生しており，そこでは事実上われわれの背後で物が相互に会話し，われわれの動きや能力を統御している．

　これらの新しい技術（テクノロジー）は，近代の内部で一連の新しい経験を引き起こしつつある．それは，約1世紀前に近代の経験を理論化しようとしたベンヤミンやジンメルのような人々の夢を超えたものである．このことが示しているのは，企業や国民国家，そして他の組織やエージェンシーの側では，技術経済的機構への投資はおそらく止められないということである．それらは情報メディアの重要性や収益性に気づくようになったからである．インターネットそれ自体の発達も含め，これらの変化の多くは軍事編制（コンプレックス）の産物であることを述べておくのは有益である．サイバー戦争，ドローン攻撃，「情報爆弾（インフォメーション・ボム）」がますます現実的なものとなっている（Armitage 1999; Virilio 2000; Gregory 2012）．暴力の手段に対するコントロールがいつまでも問題となっているだけでなく，平定され（pacified），教化された（domesticated），安全な都会風の市民文化という今や理想化されすぎたイメージだと思われるもの問い直すという課題もある．そういうイメージでは，自国の住民は安全を享受した一方，戦争は遠く離れた戦場

で戦われたからである．むしろ，都市でのテロリズムや銃の乱射は，コントロールしたり外部に押しやったりするのが困難だと判明している．こうした問題については後で立ち戻ろう．

6　多数の，絡み合った，オルタナティブな近代

　近代の文化的時限と経験についてのこの議論は，近代の性質をめぐる問題をどのように解明するのだろうか．まず初めに，それは文化のより広い定義が必要だということを示唆する．文化は，伝統という考えのようにただ受動的に存続してきたわけではなく，また一貫性があり他と区別される実体として概念化しうるものでもない．〔伝統としての文化のような考え方では〕それぞれの社会がそれ自体の文化の「島」を保有し，維持していることになる．対照的に，いくつかの国が他国の文化機構を大量に採用しようとした歴史的な例がある．7世紀の日本の場合，孝徳天皇の治下に中国文化の多くの面，なかでも特に漢字による表記体系を採り入れた．この編入過程の進歩的な面が受容されたことは，日中のハイブリッドな文化形式に慣れたその後の世代については理解可能である．しかし，さまざまな集団間の動態や闘争，とりわけ新しい文化変容を脅威だと捉える集団や，不利を被ったかもしれず変化に抵抗する集団については，必ずしも十分にわかっているわけではない [7]．他方では，われわれは逆の過程の好例を知っている．徳川時代の鎖国と長崎の出島を通じた文化流入の制限である．それゆえ，いわゆる伝統文化は同じ形で再生産され，静態的であると見なしてはならない．というのも，前近代に伝統文化が劇的に変化し再発明されることがあるという証拠があるである．文化は外部からの要素を宗教と倫理，流行品，新しい趣味，技術革新，新兵器といった形で絶えず受け入れている．

　それゆえ，多数の近代（multiple modernities）という概念は，伝統はきわめて明確な境界をもつ固定的なものだという見解を採用するならば，問題を抱えることになる．とりわけそうであるのは，調査が，歴史過程の勝者を正当化するために用いられた文書に焦点を当てることによる文献レベルにとどまるような場合である．危険なのは，文明的および国民的な伝統の純粋性と無欠性（インテグリティ）を強調しすぎるあまり，日常生活に生じる実際の諸活動を犠牲にしてしまうことである ⑻．それゆえ，概念としては，多数の近代はある特定の地理的ないし空間的な容器の内部で起こったとされている文化的差異に光を当てるために使われる．その用語は，文明，国民国家，文化，エスニシティといった「空間的なもの（spatialities）」のことを表しており，それら自体は近代への移行の結果として純粋化され，定義されたものかもしれない．「オルタナティブな近代」という関連する概念と同様に，そうした概念は出来事が起こった後に発見されるものである．そして，国民を統一したいという衝動に影響された特定の現在の状況が，本来の起源という神話の上に築かれた物語の中に差異を固定化し正当化するために時間をさかのぼる探究の基底にある．それゆえ，オルタナティブな近代を求める日本の探究，つまり京都学派による 1930 年代の「近代の超克」を目指す探究（Heisig 1996; Schmidt 2015）は，戦争の準備に国民を動員しようとする積極的なプロジェクトとつながっているものと見ることもできよう．

　しかしまた，多数の近代は，文化 1（国民文化）について語るためだけでなく，文化 1 の文化 2（文化的圏域）に対する関係性を考察するためにも用いることができよう．技術経済的システムについて，共通の制度編制を生み出しただけでなく，日常経験や文化変容を媒介し，記録し，普及させていく連綿と続く新しいメディアをも生み出したものとして注目するとすれば，文化 2 はその極端な形においては，あるタイプの近代化

や収斂理論を支持するものとして捉えることもできよう．しかしながら，技術経済的秩序が新しい一般形式を生み出すように働くものと想定するよりも，文化1から引き出される，より伝統的で国民的な物語の内部でのフレーム化を想定するほうが賢明である．あるいは少なくとも，2つの文化間の闘争を究明しなくてはならない．その闘争は分業における特定の集団と職業編制の相対的な強さによってはずみがつく．また，次のような問いを発しなくてはならない．近代の遂行と革新の進行の過程で誰が勝者となり，誰が敗者となるのか，と．

　今日注目すべきなのは，文化の生産と普及の手段の激増である．インターネットやソーシャル・メディアを通じてグローバルな距離のある他者の生活に親しみ，干渉することさえできる可能性がいっそう大きくなっている．今日の世界には，情報を生み出し，形にして，循環させる大規模な公衆とともに，広範にわたって文化産業，文化の専門家や媒介者，政党，企業が存在する．もし近代によって開かれた主要な文化的経験の一つが新しいものや新しい時代を期待させるのであれば（Koselleck 1993; Featherstone 2007），進歩，繁栄，満足，健康，成就といったものの増大がしばしばそれにともなっていると考えられる．以下で見るように，今や社会経済的な意味だけでなく地球的な意味でも，新しいものは限界に達してしまったという議論がある．われわれは，世界が相互につながり，他者の関心事が自分にも関わりのあることだという感覚が増大していて，われわれの行為を通じてわれわれが互いに影響を与え合うことは避けがたい．このことが他者にあてはまるだけでなく，地球それ自体も壊れやすく（valunerable），地球温暖化に直面していると見られるようになった．このことは，絡み合った近代（intertwined modernity）という，より新しい不穏な感覚の到来を知らせるものである．われわれの運命は，無数の他の生活形式と絡み合ってほどけなくなっている．

7　近代を超える？

　近代を超えるものが何かあるだろうか．マックス・ヴェーバーは『プロテスタンティズムの倫理と資本主義の精神』（Weber 1930: 181）の最後で，近代の限界と矛盾について考察している．ヴェーバーは，近代世界は「精神のない専門人」を生産するが，彼らは新しい形式の文化の普遍性を生み出すことができないという点を指摘している．天職（calling）の観念に結びついた訓練された禁欲主義を欠いているのである．物質的な商品は人々の生活に対する権力を生むため，われわれは経済的な強制に屈してしまう．ヴェーバーは，しばしば引用される一節で，バクスターの「外物についての配慮は，ただ『いつでも脱ぐことのできる薄い外衣』のように聖徒の肩にかけられていなければならなかった．それなのに，運命は不幸にもこの外衣を鋼鉄のように堅い檻としてしまった」という見解に言及している．その後わかったのは，鉄の檻という考えが説得力のある比喩であり，近代における経験の貧困化が示唆されているということである．鉄の檻という考えはまた「近代の運命」という言葉とも一致する．この言葉を用いるのは，ヴェーバーの歩みを辿って，道具的合理化に向けられたヴェーバーの関心と商品フェティシズムというマルクスの考えとの間にある類似点に対して注意を引こうとした人々である．たとえば，ルカーチ，ホルクハイマー，アドルノ，マルクーゼ等の人々がそうであり，彼らは商品フェティシズムの拡大と道具的合理化について詳細に書いた（Featherstone 1985）．あるいは，ハルトゥーニアン（Harootunian 2000）の本の題名をパラフレーズして「われわれはみんな『近代に超克されつつある』（We are all becoming *Overcome by Modernity*）」とでも言おうか．確かに，「近代からは何も得られない（the exhaustion of modernity）」という感覚がある．すな

わち，技術の進歩と恵み深い工学が必然的に結びつくという啓蒙主義的想定に，社会生活は社会工学によって改善できるというという想定が付加されて醸し出された楽観主義と明るい展望をもう述べることができなくなったという感覚である．もしさまざまな次元で近代が新しいものの探究によって推進されるのだとすれば，近代の問題をめぐるいくつかの相互に関連した次元を取り上げてみるのがよいだろう．

(1) 技術の命令（the technological imperative）

技術革新は，もはや止めることのできない過程を推し進め，予期せざる多数の結果をもたらしてしまうように思われる．ジョージ・シュタイナー（Steiner 1971）は青ひげ公の城の比喩を用いる．それによると，技 術（テクノロジー）は次々と部屋のドアの鍵を開けていく．新しいドアを開けるたびに，いつも声にならない恐怖が生まれる．われわれはそれによって原子爆弾，クローン，遺伝子工学等々を思い浮かべる．もっと感情を抑えた言い方をすれば，新しい技術が人間がなし得ることの範囲（エージェンシー）を拡大するさまを確認することができる．弓矢から大陸間弾道弾（ICBM）へ，あるいはボートと比較した場合のジェット機による旅行の速さと距離，あるいは手旗信号と比べた場合のインターネットのようなコミュニケーション技術．こうした技術の発達を歩む不可避性（ロジック）がある．しかし，ウルリッヒ・ベック（Beck 1993, 1996）が示したように，これらの進歩と言われるものの帰結はグローバルなリスクの蓄積である．ポール・ヴィリリオ（Virilio 2006）は，新しい技術のそれぞれが「不可欠の事故（integral accident）」をともなっており，われわれはその危険性や結果を十分にテストすることなく新しい技術に飛びついてしまう．大まかには20世紀に事故で亡くなった人数は戦死者数と同じくらいであることを述べておくのは有益だろう．20世紀は世界大戦でおよそ1億6000万もの人々が殺された世紀として

知られている．しかし，6500万人が自動車の「事故」で死亡しており，1億人の死亡は喫煙やタバコ関連の原因に帰せられる．技術的合理性と管理やエンパワーメントとの関連に気づき，「オルタナティブな技術」の探究に向かう者もいた．ヘルベルト・マルクーゼ（Marcuse 1969）やエンツェンスベルガーなどの人々は，アートと技術の新しい融合という考えに手を出して，商品のより民主的な利用を見出す方法を探ったけれども，あまり大きな影響を残すことはなかった（Feenberg 1995）．ユク・ホイ（Yuk Hui 2016）も西欧近代の技術のアポリアを超える道を見出すために，オルタナティブな宇宙技芸（cosmotechnics）についての問いを掲げて，非西欧の文化的伝統の内部で技術を再考している．

(2) 社会経済面でのグローバルな動態

　グローバル化の過程は，インターネットやドット・コム革命のようなグローバルな金融市場の統合という結果を生む技術革新によってはずみがつく．デジタル・コミュニケーションはまた，「モノのインターネット（internet of things）」に加えて，超国籍企業（transnational corporation）における複雑なグローバルな分業や「ジャスト・イン・タイム生産」を可能にした．しかし，経済のグローバル化による企業と金融資本の成長は，国民国家の不可逆的な衰退を意味するものと受けとるべきではない．実際，中華人民共和国やロシアの復活を目にすると，国民国家間のダーウィン主義的競争というマックス・ヴェーバーの見解は固持されているように思われる．中国やロシアは社会生活に対して強力な国家による指導と規制を維持し続けているからである．もっとも，グローバルな経済統合は速度を増しているが，グローバルな政治統合や社会統合の進み具合ははるかに遅い．われわれは現在では，労働移民，旅，観光，難民などの拡大によってグローバルな移動性が増大する時代を生きているが，その一

方で，テロリズムの恐怖が可視化され，強まっていることから，右翼的なナショナリズムが復活し，国民国家間の障壁を堅固にせよとの要求が出されている．結果として現時点では，国民国家よりも一段階上の社会生活をそれでも発達させることがいかにして可能かを示すことは困難である．それはグローバルな公共圏やグローバルな国家の可能性を開く社会生活のことであり，暴力と徴税権限の独占にもとづいて，より広範なグローバルな国家の形成過程から生じてくるものである．一部の移動的な集団（mobile groups）については，グローバル都市においてコスモポリタンな心情が生まれる兆候が増しているが（Beck, in Mythen 2018 を見よ），一方われわれは，超裕福な階層こそが本当のコスモポリタンであるというジグムント・バウマン（Bauman 2008）の説を忘れてはならない．

　確かに，近代とともに不平等はなくなっていくという，1950 年代や 60 年代に近代化論や収斂理論が抱いていた想定は，それを受容するべき根拠がなくなってきているように思われる．1980 年代以来，アメリカやヨーロッパ，そして程度は少し下がるものの日本でも，不平等が拡大して，1920 年代初期のレベルに逆戻りしつつある（Piketty 2014）．富裕層は租税回避地を利用し，移動性を発揮して，事実上いかなる国民国家においても疑似市民（quasi-citizens）になることができ，彼らの富とナショナルな政府への影響力が大幅に増大することとなった（Featherstone 2013a, 2013b）．今までのところ，彼らの金融資本が生む権力と，国家的および国際的な規制の欠如とによって，彼らの資産と影響は増大し続けている．

(3) 消費による廃棄物，気候変動，人新世

　新しいものを超えた社会的な折り合いの付け方を思い描こうとする際の中心的な問題は，世界の多くの地域で，経済生活や社会生活がますます消費に動機づけられていることである．最高水準なのはアメリカで，

今や GDP の 70％以上が消費支出から生じている．この過程の結果，国と家計の負債が 2007 年の金融危機のレベルにまで上昇しており（Lazzarato 2012），これは，消費文化に代替することのできる価値観や実践の見込みある対案がほとんど意識されていないということを示している．

　今日，消費の結果に大きな懸念が示されている．ウルリッヒ・ベック（Beck 2002）が少し前に述べたように，グローバルな商品（goods）の激増はグローバルな悪（bads）の蓄積を意味する．事実上われわれは，結果についてほとんど意識しないまま，生きた人間——われわれ自身——を対象とした一連の実験を行なっているのである．食物連鎖に入り込むプラスチックの海洋投棄，重金属の蓄積，脳や生殖器官に入るマイクロカーボンのナノ粒子による排ガス汚染，受粉に不可欠な飛行昆虫の大幅な減少，氷床の融解につながる地球温暖化，異常気象の頻発，等々．これらすべては人新世（Anthropocene）という用語で捉えられる．それは新しい地質時代につけられた名前であり，それによって積み重なっていく新しい地層に人類の刻印を残すのである．これは，進行しつつあるわれわれの概念革命の一つの兆候であり，その革命は，自然の尽きることない恵みという近代の見解からわれわれを引き離し，われわれの動きの一つ一つが他の種，地球，そしてわれわれ自身に対するリスクを増大させるのだという見解へと導く．

　われわれの消費がますます非物質的な商品（情報とイメージ）に移行しているのだから，インターネット，モバイル・コンピューティング・デバイスへの移行は現在の消費を減少させると言ってよいだろうか．必ずしもそうとは言えない．というのも，コンピューター・チップが消費財や構築環境に組み込まれることが激増し広がっているからである．モバイル・デバイスやモバイル製品がますますデジタル・ネットワークに統合されて，絶えず互いに「会話」している——モノのインターネットが

拡大しているのである．デジタルの通信量（トラフィック）が増大することで，電気の需要のスパイラルが生じる．つまり，電気はデバイスやデータ環境を作動させるのとともに，データ・センターを動かすためにも必要となる．たとえわれわれが家で腰を下ろして，インターネットの閲覧（クルージング）に時間を費やしていても，問題は生じる．すなわち，コンピューターのハードウェアは環境という観点から見てコスト高なのである．ハードウェアにはレアメタルが必要であること，また常に革新（イノベーション）を求めるために次々と新しいモデルを投入するので，ハードウェアは意図的に旧式化するようになっており，なかなかリサイクルされにくいことが理由である．

(4) 主体のレベルで新しいものに対処する

　消費文化は絶えず新しい商品，経験，感動の売り込み（プロモート）をする．これは計算尽くの快楽主義，つまり休みなく享楽を最大化しようとする態度にとって都合よく働く．フーコー（Foucault 2008: 226）は，現代の新自由主義的（ネオリベラル）な個人は，自分自身の企業家であろうとするのみならず，消費を通じて自分の満足の生産を最大化しようとする点を指摘している．しかし，幸福，享楽，変身経験の追求は高速の生活（high-speed life）につながるかもしれず，高速の生活は高レベルの消耗を生む．このことは環境だけでなく人間の身体にも困った結果をもたらす．食べ物や飲み物を過度に楽しんで消費すると，次にはダイエット，フィットネス，運動管理（エクササイズ・レジーム）が続くことになるが，これらすべてが消費文化の内部で提供される．われわれの健康問題の多くは，外科手術や投薬治療のような医療介入によってしか解決できないという予想がある．このような生活形式は，フーコーが古代のギリシアやローマの倫理的行為のかたちを吟味して「自己への配慮」という言葉で支持したのとは反対のものであるように思われる．フーコーはストア哲学に感銘を受けた．ストア哲学は一

時的な快楽には無関心であり，人生でもっとも重要なのは死を予期して日々を生きることだという想定のもとに行なわれる注意深い養生法をもっていた．消費文化の過剰に対抗するためにストア哲学に戻ることを支持する者はいくらかいたけれども，それを，われわれの消費文化に取って代わりうるエコノミーにどうやって合わせるかが難問であろう．われわれはモノを浪費せずに，また廃棄物を蓄積せずに，生きていくことができるだろうか．スローライフの支持者がいる──それはスローフードやスローシティといった考えをめぐってイタリアで始まった運動である．ようするに，反マクドナルド化の過程である．スローライフは教養ある中産階級や小規模農家に支持者がいるようであるが，労働者階級や失業者の大多数の支持をどのようにして得るかはわからない．そうした人々の家計は比較的安価な大量生産の食品や消費財に依存するようになったからである．また，コモンズの復活に期待を寄せる人々もいる──われわれが共有したり集団で利用したりできる資源への投資など．しかし，今までのところ，実験は，近代の実現可能な対案の可能性を開くところまでまだまだ達しそうにない．

〈注〉────────────────────────────────

(1) しかし，日本では当時，パナソニックの創業者の松下幸之助が「250 年計画」を発表していた．その後 10 年もしないうちにマンハイムの本が公刊されることになる．今日その計画がどの程度影響力をもつのかは定かではないが，松下への賞賛は止むことがなく，2018 年 3 月には彼のためのミュージアムが拡大オープンされた．

(2) これらの人々には，アリギら（Arrighi et al. 2003），ブラウト（Blaut 1993），チョウドリ（Chaudhuri 1990），ホブソン（Hobson 2004），イガース／ワン（Iggers and Wang 2008），ワン／イガース（Wang and Iggers 2002）がいる．また，フェ

ザーストン（Featherstone 2006a），ホブソン（Hobson 2006），ピーターセ（Pieterse 2006）を含む *Theory Culture & Society*（TCS）の特別号「グローバルな知識を問題化する」（Problematizing Global Knowledge）にあるグローバル化とグローバル・ヒストリーに関するセクションの議論も見よ．他の論文としては，ポストコロニアル理論家のミグノロ（Mignolo 2009），ムベンベ（Mbembe 2001），セス（Seth 2016），ヴェン（Venn 2001）がある．さらに，バーク（Burke 2009），ポメランツ（Pomeranz 2009），ホブソン（Hobson 2009），ピーターセ（Pieterse 2006, 2011），フェザーストン（Featherstone 2009）などの記事があるジャック・グッディに関する特集セクションも見よ．

(3) 2006 年 11 月，パリ大学の社会科学高等研究院において「グローバルな知識を問題化する」という TCS のニュー・エンサイクロペディア特別号に関する論考を発表したとき，聴衆はケネーに対する中国の影響のことをまったく知らなかった．そのことは歴史から消し去られていたのである．しかし，今では意外ですらないことだが，中国の再興とともに再びそのことが歴史に書き込まれている．

(4) ブラジル（Brazil），ロシア（Russia），インド（India），中国（China）を言う頭字語で，2001 年にジム・オニールがグローバルな地政学の変化を語るために造った．

(5) 逆転戦略もまた生産的かもしれない．ポメランツ（2000, 2009）の方法論に従って，1400 〜 1800 年の期間のヨーロッパとアジアの主要都市のいくつかに着目してみよう．これらの都市は同じくらいのレベルで繁栄しており，奢侈，鑑識眼，趣味，消費について同じ程度に発達した商人コミュニティの発展をともなっている．方法論的な問題は，世界史の大きなカテゴリー（古代，封建制，資本主義という順序ないし伝統とモダニティ）を発展させようとするのか，それともむしろ，いくつかの特質や状態について強度の違いという観点から議論が可能となるような〔変化する〕連続性，類型，分析格子枠に焦点を当てるのかということである．たとえば，この点でグッディ（Goody 2006）は，モーゼス・フィンレイの奴隷制の議論に倣う．フィンレイの議論は，奴隷と自由民とのカテゴリー上の差異から論じていくのではなく，いくつかの奴隷的な状態について格子枠——農奴，小作，雇用——を提示した（Featherstone 2009 の議論を見よ）．

(6) メル・ギブソンが 13 世紀のスコットランド人の英雄ウィリアム・ウォレス（1270-1305）を演じたハリウッド映画の『ブレイブハート』を見よ．イングランドに対するウォレスの戦争は敗北に終わるが，彼は最後の言葉を言い残す．

彼は残虐な拷問を受けて，首つりにされ，内臓を引き出され，体を四つに裂かれた．その際に彼が叫んだのは「スコットランド万歳（Long Live Scotland!）」であった〔映画では「われに自由を（Freedom!）」と叫んでいる〕．この言葉はいかにも時代錯誤であり，当時の実態としてはスコットランドという概念は存在していなかった．しかし，現代の多くのスコットランド人は，自分たち自身のナショナルな感情に突き動かされて，このことを信じようとはせず，それは真実以外にありえないと感じている——こうしたことはフィクションに対するわれわれの情動的反応の力なのである．

(7) この点は，植民地の状況ではよりひどくなる．そうした状況では，一部の集団は権力を増大させられることから積極的に植民地主義者と結託し，他の集団は抵抗することを選ぶ．

(8) ここで，市場についての中国の考えがケネーと重農主義者に与えた影響に関する先の議論に言及することもできよう．17世紀と18世紀の中国への敬意（ライプニッツによる中国の賞賛を参考にせよ；Perkins 2006）が，19世紀以降はヨーロッパの歴史から消えてしまった．

〈参考文献〉

Anderson, B., 1991, *Imagined Communities*, Revised edition, London: Verso.（白石隆・白石さや訳，2007，『定本　想像の共同体』書籍工房早山.）

Appadurai, A., 1996, *Modernity at Large*, Minneapolis: Minnesota University Press.（門田健一訳，2004，『さまよえる近代』平凡社.）

Armitage, J., 1999, "From Modernism to Hypermodernism and Beyond: an Interview with Paul Virilio," *Theory, Culture & Society*, 16(5-6).

Arnoldi, J., 2015, "Computer Algorithms, Market Manipulation and the Institutionalization of High Frequency Trading," *Theory, Culture & Society*, 33(1).

Arrighi, G., T. Hamashita and M. Selden eds., 2003, The Resurgence of East Asia, London: Routledge.

Bauman, Z., 2008, *Does Ethics have a Chance in a World of Consumers?*, Cambridge: Harvard University Press.

Beck, U., 1993, *Risk Society*, London: Sage.（東廉・伊藤美登里訳，1998，『危険社会』法政大学出版局.）

————, 1996, "World Risk Society," *Theory, Culture & Society*, 13(4).

————, 2002, "The Cosmopolitan Society and its Enemies," M. Featherstone, H. Patomäki, J. Tomlinson and C. Venn eds., Special issue on Cosmopolis, *Theory, Culture & Society*, 19(1-2).

Beck, U., A. Giddens and S. Lash eds., 1994, Reflexive Modernization, Oxford: Polity.（松尾精文・小幡正敏・叶堂隆三訳，1997，『再帰的近代化』而立書房.）

Beer, D. and R. Burrows, 2013, "Popular Culture, Digital Archives and the New Social Life of Data," Special issue on the Social Life of Methods, *Theory, Culture & Society*, 30(4).

Benjamin, W., 1973, *Charles Baudelaire: A Lyric Poet in the Era of High Capitalism*, London: New Left Books.（浅井健二郎・久保哲司・土合文夫訳，2015，『パリ論／ボードレール論集成』筑摩書房.）

————, 1999, *The Arcades Project*, Cambridge, Mass.: Harvard University Press.（今村仁司・三島憲一ほか訳，2003，『パサージュ論』1〜5巻，岩波書店.）

Berman, M., 1982, *All that is Solid Melts into Air: the Experience of Modernity*, New York: Simon and Schuster.

Bell, D., 1976, *Cultural Contradictions of Capitalism*, London: Heinemann.（林雄二郎，1976・77，『資本主義の文化的矛盾』上・中・下，講談社.）

Burger, P., 1992, *The Decline of Modernism*, Oxford: Polity Press.

Blaut, J. M., 1993, *Eight Eurocentric Historians*, New York: Guilford.

Burke, P., 2000, *A Social History of Knowledge*, Cambridge: Polity Press.（井山弘幸・城戸淳訳，2004，『知識の社会史』新曜社.）

————, 2009, "Jack Goody and the Comparative History of Renaissances," Special Section on Jack Goody on Occidentalism and Comparative History, *Theory, Culture & Society*, 26(7-8).

Chakrabarty, D., 2000, *Provincializing Europe*, Princeton, N. J.: Princeton University Press.

Chaudhuri, K. N., 1990, *Asia before Europe*, Cambridge: Cambridge University Press.

Clark, J. J., 1997, *Oriental Enlightenment: the Encounter between Asian and Western Thought*, London: Routledge.

Clark, N. and K. Yusoff, 2017, "Geosocial Formations and the Anthropocene," *Theory, Culture & Society*, 34(2-3).

Clunas, C., 1990, *Superfluous Things: Material Culture and Social Status in Early Modern China*, Oxford: Polity Press.

Dezalay, Y., 1990, "The Big Bang and the Law," M. Featherstone ed., *Global Culture*, London: Sage.

Elias, N., 1994a, *Reflections on a Life*, Oxford: Polity Press.（大平章訳，2017，『エリアス回想録』法政大学出版局.）

――――, 1994b, *The Civilizing Process*, Oxford: Blackwell.（赤井慧爾ほか訳，2010，『文明化の過程』〈改訂版〉上・下，法政大学出版局.）

Enzensberger, H.-M., 1974, *The Consciousness Industry: On Literature, Politics and the Media*, New York: Continuum Books/ Seabury Press.（石黒英男訳，1970，『意識産業』晶文社.）

Featherstone, M., 1985, "The Fate of Modernity: an Introduction," Special issue, *Theory, Culture & Society*, 2(3).

――――, 1987, "Norbert Elias and Figurational Sociology: Some Prefatory Remarks," *Theory, Culture & Society*, 4(2-3).

――――, 1991, "Georg Simmel: An Introduction," *Theory, Culture & Society*, 8(3).

――――, 1995, *Undoing Culture: Globalization, Postmodernism and Identity*, London: Sage.（西山哲郎・時安邦治訳，2009，『ほつれゆく文化』法政大学出版局.）

――――, 2000, "Archiving Cultures," Special issue on Sociology Facing the Next Millennium, *British Journal of Sociology*, 51(1).

――――, 2001, "Globalization Processes: Postnational Flows, Identity Formation and Cultural Space," E. Ben-Rafael and Y. Sternberg eds., *Identity, Culture and Globalization*, The Hague: International Institute of Sociology and Brill Academic Press.

――――, 2006a, "Genealogies of the Global," M. Featherstone et al. eds., Special issue on Problematizing Global Knowledge, *Theory, Culture & Society*, 23(2-3).

――――, 2006b, "Archive," M. Featherstone et al. eds., Special issue on Problematizing Global Knowledge, *Theory, Culture & Society*, 23(2-3).

――――, 2007, *Consumer Culture and Postmodernism*, 2nd Edition, London: Sage.（川崎賢一・小川葉子編著訳，1999・2003，『消費文化とポストモダニズム』上・下巻，恒星社厚生閣〔第 1 版の翻訳〕.）

――――, 2009, "Introduction to Jack Goody: Occidentalism and Comparative History," *Theory, Culture & Society*,26(7-8).

――――, 2013a, "Super-Rich Lifestyles," T. Birtchnell and J. Caletrío, J. eds., *Elite Mobilities*, Oxford: Routledge.

—————, 2013b. "The Rich and the Super-Rich: Mobility, Consumption and Luxury Lifestyles," N. Mathur ed., *Consumer Culture, Modernity and Identity*, New Delhi: Sage.

—————, 2013c, "Preliminary Reflections on the Visible, the Invisible and Social Regulation: Panopticism, Biopolitics, Neoliberalism and Data Consumption," *The Journal of Critical Studies in Business & Society*, 4(1).

—————, 2020 (forthcoming), "Urban Aestheticization Processes: Cityscape, Landscape and Image," G. Giannakopoulou and G. Gilloch eds., *The Detective of Modernity: Essays on the Work of David Frisby*, London: Routledge.

Featherstone, M. and C. Venn, 2006, "Problematizing Global Knowledge: an Introduction," M. Featherstone et al. eds., Special issue on Problematizing Global Knowledge, *Theory, Culture & Society*, 23(2-3).

Featherstone, M., C. Venn, R. Bishop and J. Phillips eds., 2006, Special issue on Problematizing Global Knowledge, *Theory, Culture & Society*, 23(2-3).

Feenberg, A., 1995, *Alternative Modernity*, Berkeley: University of California Press.

Foucault, M., 1979, *Discipline and Punish: the Birth of the Prison*, Harmondsworth: Penguin. （田村俶訳，1977，『監獄の誕生』新潮社.）

—————, 1986, "What is Enlightenment?" P. Rabinow ed., *The Foucault Reader*, Harmondsworth: Penguin.（小林康夫・松浦寿輝・石田英敬編，2006，『フーコー・コレクション〈6〉 生政治・統治』筑摩書房所収.）

—————, 2001, *Fearless Speech*, New York: Semiotext(e).（中山元訳，2002，『真理とディスクール』筑摩書房.）

—————, 2008, *The Birth of Biopolitics: Lectures at the Collège de France*, 1978-1979, Basingstoke: Palgrave Macmillan.（慎改康之訳，2008，『ミシェル・フーコー講義集成〈8〉 生政治の誕生』筑摩書房.）

—————, 2019, *Discourse and Truth and Parrhesia*, Chicago: Chicago University Press.

Friedman, J., 2009, "Occidentalism and the Categories of Hegemonic Rule," Special Section on Jack Goody on Occidentalism and Comparative History, *Theory, Culture & Society*, 26(7-8).

Frisby, D., 1985, "Georg Simmel: First Sociologist of Modernity," *Theory Culture & Society*, 2(3).

Frisby, D. and M. Featherstone eds., 1997, *Simmel on Culture*, London: Sage.

Gregory, D., 2012, "From a View to a Kill," *Theory, Culture & Society*, 28(7-8).

Goody, J., 1993, *The Culture of Flowers*, Cambridge: Cambridge University Press.

————, 1996, *The East in the West*, Cambridge: Cambridge University Press.

————, 1998, *Food and Love*, Cambridge: Cambridge University Press.（山内彰・西川隆訳，2005，『食物と愛』法政大学出版局.）

————, 2004, *Capitalism and Modernity*, Cambridge: Cambridge University Press.

————, 2006, *The Theft of History*, Cambridge: Cambridge University Press.

————, 2009a, "Supremacy or Alternation," Special Section on Jack Goody on Occidentalism and Comparative History, *Theory, Culture & Society*, 26(7-8).

————, 2009b, *Renaissances: The One or the Many?* Cambridge: Cambridge University Press.

————, 2009c, *The Eurasian Miracle*, Cambridge: Polity Press.

Gunder Frank, A., 1998, *Re-ORIENT: Global Economy in the Asian Age*, Berkeley: University of California Press.（山下範久訳，2000，『リオリエント』藤原書店.）

Habermas, J., 1981, *The Theory of Communicative Action*, 2 Volumes, London: Heinemann.（河上倫逸ほか訳，1985・1986・1987，『コミュニケイション的行為の理論』上・中・下，未來社.）

————, 1989, *The Structural Transformation of the Public Sphere*, Cambridge: Polity Press.（細谷貞雄・山田正行訳，1994，『公共性の構造転換』第 2 版，未來社.）

Hann, C., 2009, "The Theft of Anthropology," Special Section on Jack Goody on Occidentalism and Comparative History, *Theory, Culture & Society*, 26(7-8).

Harootunian, H., 2000, *Overcome by Modernity*, Princeton: Princeton University Press.（梅森直之，2007，『近代による超克』上・下，岩波書店.）

Heisig, J. W., 1996, *Philosophers of Nothingness: An Essay on the Kyoto School*, Honolulu: University of Hawai'i Press.

Hobsbawm, E. J. and T. Ranger eds., 1983, *The Invention of Tradition*, Cambridge: Cambridge University Press.（前川啓治・梶原景昭ほか訳，1992，『創られた伝統』紀伊國屋書店.）

Hobson, J. M., 2004, *The Eastern Origins of Western Civilization*, Cambridge: Cambridge University Press.

————, 2006, "East and West in Global History," M. Featherstone et al. eds., Special issue on Problematizing Global Knowledge, *Theory, Culture & Society*, 23(2-3).

Horkheimer, M., 1973, "The Authoritarian State," *Telos*, 15.（清水多吉編・訳，2003，『権威主義的国家』復刻版，紀伊國屋書店所収.）

Hughes, R., 1980, *The Shock of the New: Art and the Century of Change*, London: Thames and Hudson.

Iggers, G. C. and Q. E. Wang, 2008, *A Global History of Modern Historiography*, London: Pearson Longman.

Ikegami, E., 2005, *Bonds of Civility*, Cambridge: Cambridge University Press.（池上英子，2005，『美と礼節の絆』NTT 出版.）

Kamata, S., 1983, *Japan in the Passing Lane*, New York: Pantheon.（鎌田慧，2011，『新装増補版　自動車絶望工場』講談社.）

Landes, D. S., 1998, *The Wealth and Poverty of Nations*, London: Little, Brown.（竹中平蔵訳，1999，『「強国」論』，三笠書房.）

Lazzarato, M., 2012, *The Making of the Indebted Man: Essay on the Neoliberal Condition*, Cambridge, Mass.: MIT Press.（杉村昌昭訳，2012，『〈借金人間〉製造工場』作品社.）

Mannheim, K., 1956, "The Democratization of Culture," *Essays on the Sociology of Culture*, London: Routledge & Kegan Paul.

Marcuse, H., 1969, *An Essay on Liberation*, Harmondsworth: Penguin.（小野二郎訳，1974，『解放論の試み』筑摩書房.）

Mbembe, A., 2001, *On the Postcolony*, Berkeley, CA: University of California Press.

Mignolo, W., 2009, "The De-Colonial Option: Epistemic and Political De-Linking," *Theory, Culture & Society*, 26(7-8).

Mythen, G., 2018, "Exploring the Theory of Metamorphosis: In Dialogue with Ulrich Beck," *Theory, Culture & Society*, 35(7–8).

Perkins, F., 2004, *Leibniz and China*, Cambridge: Cambridge University Press.

Piketty, T., 2014, *Capital in the 21st Century*, Cambridge, Mass: Harvard University Press.（山形浩生・守岡桜・森本正史訳，2014，『21 世紀の資本』みすず書房.）

Pomeranz, K., 2000, *The Great Divergence: China, Europe and the Making of the Modern World Economy*, Princeton, N. J.: Princeton University Press.（川北稔監訳，2015，『大分岐』名古屋大学出版会.）

———, 2009, "Putting Modernity in its Place(s)," Special Section on Jack Goody on Occidentalism and Comparative History, *Theory, Culture & Society*, 26(7-8).

Pieterse, J. N., 2006, "Oriental Globalization," M. Featherstone et al. eds., Special issue on Problematizing Global Knowledge, *Theory, Culture & Society*, 23(2-3).

―――, 2011, "Many Renaissances, Many Modernities," *Theory, Culture & Society*, 28(3).

Raz, J. and A. E. Raz, 1996, "'America' Meets 'Japan': A Journey for Real between Two Imaginaries," *Theory, Culture & Society*, 13.

Sakai, N., 1989, "Modernity and its Critique: the Problem of Universalism and Particularism," H. Harootunian and M. Myoshi eds., *Postmodernism and Japan*, Durham, N. C.: Duke University Press.

―――, 1998, *Translation and Subjectivity*, Minneapolis: Minnesota University Press.（酒井直樹，2012，『日本思想という問題――翻訳と主体』岩波書店.）

―――, 2001, "Introduction," N. Sakai and Y. Hanawa eds., Traces, 1.

Sanders, R., 2016, "Self-tracking in the Digital Era: Biopower, Patriarchy and the New Biometric Body," *Body & Society*, 23(1).

Santos, B. S., 2009, "A Non-Occidentalist West?" Special Section on Jack Goody on Occidentalism and Comparative History, Theory, *Culture & Society*, 26(7-8).

Schmidt, V. H., 2015, "The Breakthrough of Global Modernity," TCS website thinkpiece, April 2015.

Seth, S., 2016, "Is Thinking with 'Modernity' Eurocentric?" *Cultural Sociology*, 10(3).

Simmel, G., 1990, *The Philosophy of Money*, 2nd Edition, translated by D. Frisby, London: Routledge.（居安正訳，2016，『貨幣の哲学』新訳版，白水社.）

―――, 1997a, "The Metropolis and Mental Life," D. Frisby and M. Featherstone eds., Simmel on Culture, London: Sage.（川村二郎編訳，1999，『ジンメル・エッセイ集』平凡社所収.）

―――, 1997b, "The Berlin Trade Exhibition," D. Frisby and M. Featherstone eds., *Simmel on Culture*, London: Sage.（北川東子編訳，鈴木直訳，1999，『ジンメル・コレクション』筑摩書房所収.）

―――, 1997c, "The Concept and Tragedy of Culture," D. Frisby and M. Featherstone eds., *Simmel on Culture*, London: Sage.（円子修平・大久保健治訳，1976，『文化の哲学』ジンメル著作集第 7 巻，白水社所収.）

―――, 2007, "From Kant to Goethe," *Theory, Culture & Society*, 24(6).

Sombart, W., 1967, *Luxury and Capitalism*, Ann Arbor: Michigan University Press.（金森誠也訳，2000，『恋愛と贅沢と資本主義』講談社.）

Srnicek, N., 2016, *Platform Capitalism*, Oxford: Polity Press.

Steiner, G., 1971, *In Bluebeard's Castle: Some Notes Towards the Re-definition of Culture*, London: Faber and Faber.（桂田重利訳，2000，『青ひげの城にて』みすず書房.）

Taussig, M., 2008, "Redeeming Indigo," *Theory, Culture & Society*, 25(3).

Venn, C., 2001, *Occidentalism*, London: Sage.

———, 2009, "Biopolitics, Political Economy and Power: A Transcolonial Genealogy of Inequality," Special issue on Michel Foucault,' *Theory, Culture & Society*, 26(6).

Venn, C. and M. Featherstone, 2006, "Modernity," Special issue on Problematizing Global Knowledge, *Theory, Culture & Society*, 23(2-3).

Virilio, P., 2000, *Information Bomb*, London: Sage.（丸岡高弘訳，1999，『情報化爆弾』産業図書.）

———, 2006, "The Museum of Accidents," *International Journal of Baudrillard Studies*, 3(2).

Wang, Q. E and Iggers, G.C. eds., 2002, *Turning Points in Historiography: A Cross-Cultural Perspective*, Rochester: University of Rochester Press.

Weber, M., 1948, "Science as a Vocation," H. H. Gerth and C. W. Mills eds., From Max Weber, Oxford: Routledge.（野口雅弘訳，2018，『仕事としての学問　仕事としての政治』講談社所収.）

Weber, M., 1930, *The Protestant Ethic and the Spirit of Capitalism*, translated by Talcott Parsons, London: George Allen & Unwin.（大塚久雄訳，1989，『プロテスタンティズムの倫理と資本主義の精神』岩波書店.）

Williams, R., 1982, *Dream Worlds: Mass Consumption in Late Nineteenth Century France*, Berkeley: University of California Press.

Wolf, E. R., 1982, *Europe and the People without History*, Berkeley: University of California Press.

Yuk Hui, 2018, *The Question Concerning Technology in China: An Essay in Cosmotechnics*, 2nd Edition, Falmouth: Urbanomic.

Zuboff, S., 2019, *The Age of Surveillance Capitalism*, London: Profile Books.

第2章

近代のアンビバレンス
——エミール・レーデラーと桑田熊蔵の日本研究 1910-1940

ヴォルフガング・シュヴェントカー

（寺田 晋訳）

1　はじめに

　1年前,「西欧における日本理解——啓蒙時代から現代まで」という講義の準備をしていた時に気づいたことがある. それはヨーロッパとアメリカにおいて人々が日本について持っていたイメージやステレオタイプは, 近代の開始以降—— 1930年代と1940年代初頭を除けば——大抵の場合とても肯定的だったということである. たとえば, 1795年に書かれたイマヌエル・カントの晩年の作品「永遠平和のために」（Kant 1977: 216）において, カントは徳川時代における日本の鎖国政策を称賛している. 日本は鎖国政策のおかげで平和的に, また海外からの悪影響を一切受けることなく発展することができたというのだ. それから100年後, 明治時代における最も重要なモダニティの翻訳者のひとりであるラフカディオ・ハーン（Hearn 1896）は, 1900年頃の日本の文明水準の高さを褒め称えた. アメリカの文化人類学者ルース・ベネディクトが大戦末期の数年間従事し, 1946年に『菊と刀』（Benedict 1946）として出版された著名な研究においてすら, 戦争中の敵国である日本のイメージは決して否定的な

ものばかりではなかった．むしろ，ベネディクトは日本の文化と社会の徹底的な他者性を強調したのである．日本が第二次大戦前と大戦中において果たした役割は批判されたが，それは歴史的な「偶然」として片付けられた──1945年以降の近代化論や日本研究などがその例だ．西欧において，日本に対する批判は，世界最大の経済大国のひとつとなった日本に対する称賛へと，すぐに──正確にいえば1960年代のはじめに──道を譲った．エズラ・ヴォーゲル（Vogel 1979）のような社会学者にとって，日本は「ナンバー・ワン」であり，1980年頃のアメリカ経済にとっての「お手本」でさえあった．日本の肯定的なイメージは1990年頃のいわゆる「バブル経済」の崩壊後になってようやく亀裂を呈しはじめた．とはいえ，ふたつの「失われた10年」における〔20年に及ぶ〕経済の停滞に対する批判は，若者世代の間での日本のポピュラー・カルチャーに対する評価の高まりによって相殺されたのだが．最近になっても，1996年にはイスラエルの社会学者S. N. アイゼンシュタットが自らの著書『日本文明』（Eisenstadt 1996: 428）のなかで「統制されているが全体主義的ではなく，高度に革新的な社会」という「日本の近代に特有の性質」を強調している．

　たしかに，上で述べたことは，ここ200年における日本に関する西欧の言説をきわめて単純化した描写である．しかし，この描写はそれが示す傾向という点ではおそらく真実をついている．日本の近代化はとても成功してきたというのが一般的な評価なのだ．（もちろん，アジアの近隣諸国の間での日本のイメージは非常に異なっているように見える．）私が驚いたのは，こうした日本に対する評価を裏付けて，今日では日本関連文献の古典と見なされるようになったテクストが，20世紀前半に書かれたもののなかにはまったくといっていいほど見つからないということだ．この点で何かを見落としているのだろうか．おおよそ明治時代の終わりから太平洋戦争の始まりまでの間，西欧には，日本の国家，経済，社会に対す

る批判的な見解は存在しなかったのだろうか.

　このテーマに対する私のもうひとつの関心は，1900年頃以降の科学史の対象として社会科学と文化科学の領域における重要な学術誌を調査することを課題とする国際研究プロジェクトに参加する機会を得たことから生じた．このプロジェクトは，グローバルな知のネットワーキングのために利用される場として学術誌に焦点を当てている．この文脈で，私の研究において中心的な役割を果たしているのが，有名な『社会科学・社会政策雑誌』（Archiv für Sozialwissenschaft und Sozialpolitik，以下 AfSS と略記）である．これは1904年にマックス・ヴェーバー，エドガー・ヤッフェ，ヴェルナー・ゾンバルトによって専門誌として創刊された雑誌で，資本主義的大衆社会の分析と批判に関する最重要の寄稿論文をドイツ語圏において1933年に至るまで出版し続けた当時のスポークスマン的雑誌である（Hübinger 2016）．寄稿者は上述の発行者のほかに，ヨーゼフ・シュンペーター，カール・マンハイム，さらにはヴァルター・ベンヤミンやカール・シュミットにまで及ぶ．ところで，AfSS が日本と東アジアに関する批判的言説の舞台でもあったということは，まったく知られていない，忘れ去られた事実である．私がこの論文で扱う2人の人物は AfSS とさまざまな形で関わりを持っていた．ひとりは1920年以降，発行者として，また著者として AfSS に関わったエミール・レーデラーであり，もうひとりは日本の社会問題に関するいくつかの論文の著者として関わった桑田熊蔵である．このレーデラーと桑田の日本分析を見ることで明らかになるのは，西欧における日本に関する言説が決して肯定的なものばかりではなかったということである．それはまた「一方通行路」でもなかった．そこでは1900年以降の日本とアジアにおける資本主義と近代に関する観念や理論の，活発で相互依存的な交換が見られたのである．この欧日言説（European-Japanese discourse）は日本の近代化の成功にばかり力点を置

くのではなく，近代化という社会変動の過程が持つ負の側面を指摘する．
要するに，レーデラーと桑田のテクストをもう一度読み直すことで，「日
本近代のアンビバレンス」が明らかになるのである．

2　エミール・レーデラーにおける日本近代の批判

　まずはエミール・レーデラーから始めることにしよう．レーデラーは
1882 年，オーストリアのボヘミア地方の都市ピルゼンにユダヤ人商人の
息子として生まれた．ウィーンとミュンヘンで経済学と法学を学んだ後，
1912 年にハイデルベルクで「近代の経済成長における民間の被雇用者」
という革新的研究で大学講師としての資格を得た．1909 年以降，レーデ
ラーは AfSS の編集者を務め，1921 年からはその発行者となった．1920
年代にレーデラーは国民経済学と社会規制政策の分野における権威とみ
なされていた．この頃，彼はハイデルベルク大学で教えていたが，1923
年から 25 年にかけて客員教授として東京帝国大学に 2 年間滞在している．
1931 年に彼はヴェルナー・ゾンバルトの後任を求めるベルリン大学の誘
いを受諾した．しかし，1933 年 1 月にナチスが権力を掌握すると，レー
デラーはドイツを離れることを余儀なくされ，雑誌『社会研究』（Social
Research）の共同発行者として，新たな学術的拠点をニューヨークのいわ
ゆる「亡命者の大学」に見つけることになったのである．

　現在までに出版されてきたレーデラーに関する研究は少なく，このこ
とは彼の重要性を考えると不当である（Kocka ed. 1979; Gostmann and Ivanova
eds. 2014; Lasker et al. 1940; Marschak et al. 1940）．だが，彼の重要性は AfSS につ
いてだけでも十分語ることができるのである．レーデラーは AfSS の編
集者としては理想的な選択肢だった．というのも，彼は主流の社会科学
に対する関心と同時代の社会政治的問題に対する関心とを併せ持ってい

たからである．それらの問題は，20世紀の最初の3分の1における大衆文化と資本主義と政治制度の危機というその時代特有の葛藤から生じたものであった．加えて，彼は著者としても AfSS に強烈な刻印を残した．1907年から1933年の間に，彼は経済理論や経済政策から社会心理学や階級分析まで多岐にわたるトピックについて総計34もの論文を公表しているのだ．しかも，それらはドイツ語圏やヨーロッパというくくりをはるかに越える地理的視野のもとに書かれている．AfSS 誌上で展開された資本主義と社会秩序と文化との結びつきをめぐる問いという観点からみたときに，エミール・レーデラーの日本研究の意義とは何だったのかが問われなければならないのである．

　上述したように，レーデラーは1923年から25年にかけて，国民経済学の客員教授として東京帝国大学で働いた．それ以来，彼は AfSS や他の媒体に発表した論文において，日本の国家，経済，社会について分析した．彼の研究は，社会学の訓練を受けた長距離旅行者が時折執筆した印象主体の書き物などではない．それどころか，それは大正時代と昭和初期における日本の危機の経験について深い洞察を提供する．それゆえ，彼の作品は日本研究の分野ではかねてから高く評価されてきた．（たとえば，この文脈で触れておくべきなのは，著名な政治科学者である丸山眞男の論文「日本の思想」［丸山 1961: 31-2］のなかに，レーデラーの日本分析に同意する内容の論評があることだろう．）

　レーデラーによる日本研究——それは「日本とヨーロッパ」に関する1冊の本とドイツやそれ以外の国際的な新聞・専門誌で広く公表された少なくとも15の論文からなる——は，実質的には4つの主題にまとめることができる．すなわち，1920年代における日本の政治構造と社会構造，危機に満ちたグローバル経済を背景とする日本経済の発展，日本とヨーロッパとの関係，そして，1930年代における日本ファシズムの台頭の4

つである（Schwentker 1991）.

　この論文ではレーデラーの日本資本主義分析に焦点を当てたい．最初の資料は 1924 年 5 月に「日本——極東から見た政治経済的印象」という題名で『フランクフルター・ツァイトゥング』紙に 3 回にわたって連載されたレーデラー執筆の記事である（Lederer 1924a）．東京に到着した直後——おそらく 1923 年 9 月 1 日に起こった壊滅的な地震の経験にいまだ揺さぶられながら——レーデラーは日本の受け入れ先の助けを借りて，ドイツの読者に対し日本の経済状況に関する分析を届けた．ハイデルベルクから来た経済学者にとって，日本は 1920 年代中頃においてもなお農業を中心とする国に映った．とはいえ，とりわけ 1894，95 年の日清戦争，1904，05 年の日露戦争，そして第一次世界大戦の結果，すでに製造業が相当な発展を遂げていたのである．それゆえ，日本の海外貿易の拡大がアジア市場から欧米製品が消えたことによって容易になったのは疑いない．「ヨーロッパの戦争はこうして日本を財政上の苦境から救ったのだ」（Lederer 1924a: Part 3）とレーデラーは書いている．大戦前に債務国だった日本は 1920 年代には債権国になったのである．1918 年以後の好景気は人口の急増によっても勢いづけられた．1914 年から 1930 年の間に人口は 25％増加して，6,400 万人に達した．こうした経済的，社会的発展を背景にレーデラーが自問した問いとは，日本において発達してきた資本制はアメリカ型やヨーロッパ型の資本制とどの程度まで比較可能なのかという問いだった．彼の中心的なテーゼは，今日ではもはや驚かれることのない主張であるが，日本の資本主義は西欧のロール・モデルとははっきりと異なるというものだった．レーデラーの観点によると，個人の競争や効率の可能な限りの最大化という西洋的原則が日本に浸透するためには，まだ数多くの社会的・文化的障害を克服していかなければならないのである．彼によれば，日本の製造業はヨーロッパやアメリカの製造業

ほどには合理的に組織されていない．たとえば，日本に関する 1924 年 5
月の第 1 回目の記事には，次のようなくだりがある．「日本における生産
は，決して生産量の最大化という観点から組織されているわけではない．
大手の工業会社のなかには組織の点で模範的なものもあるが，使われて
いる方法の多くはいまだ時代遅れのものであるということが見て取れる．
とくに，ありとあらゆる類のブローカーや『世話役（マネージャー）』が果たす役割がい
かに大きいかは驚くべきものがある——これは外から来た者であればす
ぐに気づくことである．通常の取引においてすら，商品の販売と購入は
しばしばそうした仲買人によって行なわれており，また取り引きの上で
強い格付けが存在する」（Lederer 1924a: Part 1）．それゆえ，労働力のかなり
の割合は仲買業にとどまっており，結果として製造業から失われてしまっ
ている．これが日本経済のパフォーマンスを押し留めているとレーデラー
は考えた．国家や民間の経営組織が規制に熱心で過剰な人員を抱えてい
ることも経済成長へのブレーキになっているとされた．

　こうしたかなり批判的な指摘の一方で，レーデラーはまた日本の産業
資本主義に対し肯定的な評価も下している．日本の資本主義の構造は
「組織の視座から考えるというわれわれの観点から見ると，イギリスのそ
れよりもはるかに近代的である」とレーデラーは述べている．というの
も，日本の資本制は「産みの苦しみ（teething troubles）」（Lederer 1931）を経
験しなかったからだ．それはブルジョワジーの解放の過程がもたらした
ものでなければ，18 世紀のイギリスにおけるように小規模製造業（small
industrial enterprises）という砂利道を通る必要もなかったのである．レーデ
ラーによれば，「日本の産業は完全に発達した近代的組織として出発した．
それは中間過程をすべて省くことができたのだ」（Lederer 1931: 82）．鉄鋼業，
鉱業，繊維産業，大規模海運業において，資本主義組織を掌握したのは
大家族経営だった．こうした組織化の過程が急速に進んだという事実は，

日本において国家が個人の企業家に支援を提供し，時には国家自身が経済生活におけるステークホルダーとして振る舞ったという事実に起因する．

　日本資本主義の社会構造的および組織的な独自性に加えて，レーデラーが最終的に強調したのは，生産者間の対立や資本家階級と労働者階級の間の対立を安定させる共同体的紐帯という心理的，文化的特徴だった．家族がとりわけ重要な役割を果たしている日本の社会構造に根ざす伝統的制度に関して，レーデラーはヨーロッパと日本を比較し，自分自身の文化に対するややアンビバレントな評価に到達した．「私たちは，どれほど私たちヨーロッパ人の生活が純粋に抽象的な事柄によって——私たちが今日ではもはや一切の内的関係を持たない空虚な形式というかたちで——営まれているかについて驚きをもって気づく．おそらくはこれこそがヨーロッパが資本主義へと向かう最も重要な要因なのだ」（Lederer 1924b）．

　1920 年代におけるレーデラーのアジア関連の研究の焦点は日本にあったが，彼は中国へも小旅行に出かけ，1927 年の，今度は AfSS に掲載された大論文において中国について検討した．「中国における社会の再集団化と政治的発展」という題名のもとに，レーデラーは清王朝崩壊後の中国における変動を詳細に分析した（Lederer 1927）．その際，彼はドイツの中国専門家たちの間で一般に受け入れられていた評価を退けた．彼らは共和制が導入され，強力な軍閥の影響のもとに帝国内に政治的分裂が生じた後の中国の政治的変動を一時的現象としてしか見ていなかった．しかし，レーデラーにしてみれば，清王朝終焉後の展開は転換期を示していた．このなかでレーデラーは，1915 年以降に 21 箇条要求というかたちで現れた日本の帝国主義が中国に与える影響，青島に対する日本の要求を認めたパリ講和会議後の政治的抵抗運動，中国における新たな社会階

級と政治運動の勃興といった事柄について特に論じた．

　レーデラーの寄稿論文は標準的な中国研究に対して批判的な見解を示しているだけではない．それは中国と日本の 1900 年にいたるまでの歴史をさまざまに比較することで，この２つの国の間の根本的な差異を浮き彫りにしている．「アジアの中の日本」を思い描くことは，レーデラーにとっては当然のことだったのである．彼によれば，中国は帝国ではなかった．中国のエリート層が日本のような武人ではなく文芸的教養を持つ官僚だったことがその主たる理由である．実際，中国の中央政府は普遍的な要求を掲げて行動したが，その権力が村落レベルにまで到達することは決してなかった．村落においては，実際のところ北京で誰があるいはどの王朝が統治しているのかということに関心を持つものはいなかったのである．このような背景のもとでは，強い国民意識が成長することはありえなかった．これに対し，日本の状況はまったく異なっていた．日本では中央集権化された封建制が 1868 年の明治維新にいたるまで続いていた．この体制では地方の有力者に部分的な自治が与えられていたが，原則的にも事実としても，いつでも将軍の軍を国の隅々まで派遣し，その地の秩序を確保することができた．近代のエンジンとしての日本国家——この主張は，エミール・レーデラーによって何度か修正されたが，私見では今日でもなお論駁されていない．

3　社会科学と社会政策の狭間で——桑田熊蔵の仕事

　社会政策と社会改良に関するドイツ語圏における議論において，桑田熊蔵以上に存在感のある日本人の著者はいない．1912 年から 1925 年までの間に，桑田は日本の労働運動，協同組合運動，小作農運動に関するいくつかの研究を AfSS，および，ウィーンのオーストリア・マルクス主義

者カール・グリュンベルクが発行していた『社会主義および労働運動史雑誌』（Archiv für die Geschichte des Sozialismus und der Arbeiterbewegung）に発表している．桑田はドイツ語圏において日本の社会政策に関する専門家として評価されており，日本でもドイツとイギリスにおける社会政策の分野の第一人者とみなされていた．今日――日本とヨーロッパのどちらにおいても――ほとんど忘れ去られてしまったこの人物は何者だったのだろうか．

　桑田熊蔵は明治維新の年である 1868 年に鳥取県の裕福な家庭に生まれた．彼は東京帝国大学で政治学を学ぶ間に社会問題に特別な関心を抱くようになり，1893 年の卒業後――師である金井延の助力のもとに――まず社会問題に関する研究会を設立した．この研究会を母体にドイツの社会政策学会（Verein für Sozialpolitik）を手本にして日本版の社会政策学会が作られたのは 3 年後の 1896 年のことである [1]．1896 年から 1898 年までの間，桑田は研究のためにドイツ，イギリス，フランスに滞在した．この間，彼は日本の新聞に当地の社会や旅行についての記事を続けて発表している．世紀の転換後，桑田はさまざまな活動のなかでも内務省の顧問としての活動において，日本の工場労働者の状況を調査し，1911 年の工場法の準備に携わった．その前年の 1910 年，彼は貴族院の多額納税者議員に任命されたが，東京のいくつかの大学の講師職，特に 1908 年から担当していた中央大学の講座は手放さなかった．1920 年代にいたるまで，桑田はとりわけ社会政策学会の幹事として日本の社会政策の重要人物であり続けた．彼はまた労働組合運動の形成や日本赤十字の発展にも関わった．1932 年の死後すぐに，桑田の遺族は彼の重要な業績や旅行記などを収めた遺稿集を出版したが，これはいまなお桑田熊蔵の社会思想を本格的に研究するうえでの出発点となっている（桑田一夫編 1934）．

　桑田の名前は社会思想史や社会政策史に関連する研究では，かならず

言及される．しかし，彼の仕事を日本とヨーロッパの間での社会的知識
の移動の上に位置づけた本格的な研究はいまのところ存在しない．ヨー
ロッパから帰国した直後の 1899 年に桑田は著名な雑誌である『国家学会
雑誌』に最初の文章「独逸における社会政策の要領」を発表した（桑田熊
蔵 1899a）．この論説において，桑田は 1850 ～ 60 年頃からのドイツ諸邦
の産業化の過程を概説した．彼は家内経済から工場制への移行によって，
今にも爆発しかねない政治的な要素を多分に含む社会問題がどのように
発生したのかを描写した．こうした文脈において，桑田はドイツ社会民
主党（SPD）の創設，イデオロギーをめぐる党内の塹壕戦，労働運動の強
化に対する帝国政府の反応について論じている．もし，ドイツの手本に
倣いたいのであれば，国家は労働者を対象とする包括的な社会保障制度
を設立し，それにより社会的対立を抑制するという重要な役割を果たす
ことになるだろう．桑田は 1883 年の疾病保険，1884 年の労災保険，1889
年の老齢・障害保険，1891 年の年金保険という個々の社会保障制度の導
入について解説し，明治国家も学ぶことができる輝かしいお手本として
ビスマルクの社会政策を日本の読者に紹介した．学界での初仕事におい
てすでに，桑田は社会問題への対応力という点で自由な市民社会よりも
国家に信頼を置く社会保守主義の代表者として登場したのである．

　現時点では，桑田とヨーロッパの研究者との交際について信頼の置け
る言明をすることはできない．日本の一社会改良家としてはきわめて多
くの記事を名声あるヨーロッパの雑誌や新聞に発表していることからす
ると，ヨーロッパの言語を学ぶことは桑田にとって簡単だったのだろう
と考えられる．また，彼は——今風の言葉を使うなら——交際関係の
「ネットワーク」を築き，長きに渡ってその関係を育てることもできたの
だろうと考えられる．

　ヨーロッパ旅行に関するどちらかというとジャーナリスティックな文

章や『国家学会雑誌』に掲載された論文を書く一方で，桑田はまた1899年の著作『欧州労働問題の大勢』では，より体系的で，比較に基づくアプローチを用いてドイツ，イギリス，フランスにおける自らの発見を対比した（桑田熊蔵 1899b）．画期的な研究となったこの著作は，あるはっきりとしたパターンに従っている．3カ国のそれぞれについての研究はいくつかの章からなる篇にまとめられており，そのひとつひとつにおいて桑田はまず産業発展の新たな特徴を提示し，それが労働者階級に与える影響を——社会問題と政治問題の両方に同じ重きを置いて——論じ，その上で，社会問題を扱う上で最も重要な政治的傾向と彼が考える社会主義と社会改良主義を比較している．社会主義運動に関して，桑田はその思想や思想を支持する政党とともに，その最も重要な代表者たちを紹介している．イギリスの場合，それはロバート・オーウェンであり，キリスト教社会主義であり，チャーティストであった．フランスの場合はアンリ・ド・サンシモンであり，シャルル・フーリエであり，ルイ・ブランであり，労働党であった．ドイツの場合はカール・マルクスであり，フェルディナント・ラッサールであり，SPDであった．各篇の第3章において，桑田は労働問題を解決するために用いられる社会主義的方法を改良主義的政策と対比する．イギリスの場合，そのような政策には労働組合と社会政策の制度があった．フランスの場合は生産組合とナポレオン3世治下およびその失脚後の共和制下での社会政策が，ドイツの場合は「社会王制」に関するローレンツ・フォン・シュタインの学説，社会政策学会，そして，ビスマルクによって導入された社会法制があった．これら3つのアプローチが依拠している社会哲学を国ごとの条件にもとづいて解明するために，桑田は3か国における社会＝政治的観念とそこで実施されている政策とを並置し，対比した．イギリスについては，桑田はプラグマティックに作用する私的個人主義の重要性を強調し，フランスについ

ては閉じた階級意識の高い労働者階級の存在を，ドイツについては国家主導の社会政策という側面を強調した．桑田自身が好んだのは改良主義のアプローチであり，書籍の最後では「改良主義」という言葉で彼が理解しているものは厳密に言えば何なのかが説明されている．それは労働時間と労働条件を規制する工場法の導入であり，労働者に対する保険の確立と同業組合の促進であり，消費組合と生産組合の設立であった．生産組合ということで，桑田は工業労働者だけでなく，農民や小作農といった地方の食糧生産者も考慮にいれていた．

　AfSS での最初の出版は1912年，つまり，ドイツからの帰国から14年後のことである．ここで取り上げる「日本の労働者の現状と新工場法」と題された研究において，桑田は工場法によって工場労働者の苦境を緩和しようとした政治，官僚，科学の分野における社会改良勢力の10年以上におよぶ努力を記述している（Kuwata 1912）．1901年に，政府は桑田を委員とする委員会に日本の労働者の状況を調査するという課題を与えたのだが，この課題は利用可能な統計的資料の欠如のために困難だということが判明した．そこで行なわれた（質問票による）データ集計とインタヴューによって，ようやく1909年に関して次のような状況が明らかとなった．10人以上の被雇用者を持つ15,426の工場において，総計で約100万人の労働者が雇用されており，そのうちの60%弱は女性で，その割合は日本の産業における繊維産業の重要性のためにとくに大きくなっていた．7万7千人の被雇用者を持つ，新興の化学産業では男性労働者の数は女性労働者の2倍だった．AfSS の論文において，桑田は数多くの社会問題について論じており，そのなかには人集めの手法（これは例えば「繊維産業における女性労働者の略取」のことであり，大昔からある女性の誘拐の初期資本主義的な変種である），約12〜16時間という労働時間，夜業，賃金の支払いの不安定さと強制貯蓄，宿舎，事故防止策の欠如などの問題

があった．その上で，桑田は弊害のなかでも最も悪質なものに終止符を打つと期待されていた工場法の採択を日本政府が 1911 年にいたるまで繰り返しどのように阻止してきたのかを明らかにする．彼にしてみれば，福祉国家の制度とともに近代的な社会政策が近代国家にとって必要不可欠な中核的要素のひとつであるということは疑う余地のないことだった．そのような桑田の判断には，道徳的考慮が働いていただけでなく，長い目で見れば，成熟した福祉国家のみが法律的手段によって寄生的な資本主義と戦い，広範な社会主義運動の登場を阻止することができるだろうという確信も働いていた．

　この初期の論文の後，数年間にわたって不規則な間隔で，日本の労働運動，同業組合，小作農に関する論文や短い記事がさらに書かれた．そうした文章のひとつが 1921 年に AfSS のために書かれた日本の協同組合運動に関する論文である（Kuwata 1921）．桑田はヨーロッパ各地に滞在した際の経験から，日本の協同組合運動の歴史について書くのと同時に，それを比較的な視点から提示することができた．AfSS の読者は日本の協同組合が決して純粋にはヨーロッパないしドイツ起源のものではないと知って驚いたかもしれない．小農や小作農のための信用組合の最初の例は 1850 年代──まだ日本が将軍の統治下にあった時代──に見出される［二宮尊徳の報徳社を指している］．これに続くのが 1868 年の明治維新後の絹産業における販売組合である．桑田はまた「近年のヨーロッパにおいて，社会経済的問題を観察する際に倫理的側面を強調する傾向を持つ経済学者によって［協同組合が］擁護されたように」と述べて，そこに社会改良の発想と共通する特徴を発見した．しかし，1892・93 年に元ベルリン大使品川弥二郎によって導入されたライファイゼン流の信用組合は［江戸時代のそれよりも］はるかに成功するということが結局明らかになった．というのも，それは封建制に根ざしていた徳川時代末期の同業

者団体よりも近代的な経済生活により適合していたからだ．すでに 1900
年から協同組合はとくに農業において重要な役割を果たしており，国は
生産組合に関する法律によってこの役割をさらに確かなものにしたいと
願っていた．こうした展開は「工業国家か農業国家」かという問題をめ
ぐる議論を背景に起こったことであり，目指されていたのはとくに小農
経営の保護だった．これに対し，消費組合を設立することで日本の工業
労働者の生活水準を向上しようという試みは当初は失敗に終わった．桑
田はその原因を経営上の経験の乏しさと日本の工場労働者の特に厳しい
生活水準に求めている．「都会生活の不安定さや頻繁に引っ越しを余儀な
くされる」という事情があるために，協同組合やそれに加わろうという
考えが発達する余地がほとんどないというのだ．

　桑田は自分の博士論文を出版しなかったのだが，それは彼が関与した
日本の工業労働者と工場労働者に関する調査から生じた副産物だったよ
うだ．桑田が関与したこの調査については，社会思想と社会科学と社会
政策が模範的な仕方で結びつけられた大部の体系的著作が書かれている．
この先駆的な研究が 1907 年に出版された『工業経済論』である（桑田熊
蔵 1907）．このなかで桑田は日本における工場を分析するための 2 つの
はっきりと異なるアプローチとして，経済＝科学的アプローチと社会的
アプローチを提示している．前者は最重要の目的を国民経済全体にとっ
ての利得の最大化とし，後者は資本と労働の平等化とする．こうした文
脈において，彼はまずリベラルな社会政策と保守的な社会政策との違い
を論じ，そして，これらとは対立する，社会問題を解決するための 2 つ
のモデルとして社会主義と社会改良主義を提示する．さらに，桑田はこ
の約 600 ページの大部の著作において，工業と農業の比較，工業と都市
の関係，カルテルの役割，労働組合の発展，国際貿易と工業政策につい
て論じている．この著作は社会問題が産業社会の発展の経路をめぐって

政治的，道徳的問題を引き起こしたすべての分野を根本的かつ体系的に
検討しているのだ．

　経済と道徳との関係というこの最後の問題は，大部の理論書の刊行か
ら2年後の1909年に行なわれた注目すべき講義の主題となった（桑田熊
蔵1934）．この講義において，桑田は経済と道徳の関係に関するさまざま
な見解を提示している．桑田によれば，この問題はマルクスにとっては
何の役割も果たしていないという．なぜならマルクスは歴史は経済原則
のみによって解釈されるべきだと信じていたからだ．道徳はマンチェス
ター資本主義のために運動したイギリスの経済学者たちの間においても
マルクスの場合と同様に小さな役割しか果たしていない．彼らにとって
は，あらゆる道徳的制約から解放された無統制の経済こそが最高の利益
を保証するのであった．これに対し，実業家と社会が果たす道徳的責任
はドイツの社会政策学会とイギリスのトインビー・ホールの活動家たち
によって述べられている．桑田が最適と考えたのはこのアプローチだっ
た．彼はこのアプローチを念頭に置きつつ社会政策と社会改良主義をあ
らゆる社会主義的傾向とは明瞭に区別される仕方で統一することを提唱
した．彼の視点からすると，道徳的に責任ある社会政策は異なる3つの
立場から行なうことが可能である．第一に，国家と官僚が社会＝政治的
改革のエージェントとして活動する政府の立場から，第二に，実業家が
自らの労働者に福利を提供する義務を再び意識しはじめれば，その際に
はこの実業家の立場から——ここで桑田は儒教の影響を受けた慈善や慈
恵という古くからある土着の概念に行き着いている——そして，第三に，
個人としての立場や社会的な立場からであり，ここにおいて労働者は自
助のために同業組合や協同組合に参加すべきだとされる．1908年頃から
桑田は男女両方の工場労働者の状況を改善するために，こうした社会政
治的施策を実行することを主張していった．そのために桑田はおびただ

しい数に及ぶ政府委員会における自らの地位を利用しただけでなく，教育，研究，執筆，公開講義といった手段も駆使した．後には，地方の小農や小作農へも手を広げていった．

4　結論

　ここでは AfSS や他の出版機関への桑田の寄稿のすべてについて詳細に検討することはできない．AfSS とグリュンベルクの雑誌への寄稿からは，社会科学に関する理論的議論や狭い意味での社会学的問題よりも，社会政策の領域における実践的かつ応用的な話題を優先する傾向がはっきりと見て取れる．これはドイツに関する研究という点でも日本に関する研究という点でも，エミール・レーデラーと大きく異なる点である．レーデラーが文化理論という観点から資本制を体系化しているのに対し，桑田は彼が近代産業資本主義に付随する負の現象と考える「社会問題」の解決に集中している．レーデラーの仕事が方法論的には比較システム分析に向かう傾向が強いのに対し，桑田は，たとえば，法制といった社会政策に関する応用問題に焦点を当てている．このため，ヨーロッパと日本の間での社会思想の移転は，レーデラーにとってよりも桑田にとってより大きな役割を果たしている．結局のところ，2 人の思想家は政治的立場においても異なっていた．レーデラーが社会民主主義に近い立場を採ったのに対し，桑田はそもそも日本における社会主義の隆盛を阻止することを基本的な目的とする社会保守主義を代表していた．2 人に共通していたのは，資本主義とは近代化の過程において最も重要かつ強力なエンジンであるという認識であった．

　本稿において，私は日本の近代に関する社会分析や社会批評の歴史において見過ごされてきた，あるいは忘れられてきた 2 人の学者の肖像を

描いた．彼らが見過ごされてきた理由として考えられることは何だろうか．レーデラーの場合，ヒットラーの権力掌握後の慌ただしい移住とアメリカ亡命中の不安定な状況がその原因だったことはたしかである．社会科学や経済科学のありとあらゆる偉人たちとの往復書簡を幅広く含んでいたに違いない彼の遺産は失われてしまったのである．外国語の環境におかれた 1933 年以降のレーデラーは，ベルリンでヴェルナー・ゾンバルトの後を継いだ講座にとどまっていれば可能であったような発展をもはや成し遂げることができなかった．レーデラーに関する研究はここ数年の間に始まったばかりである．しかし，丸山眞男がその有名な論文「日本の思想」のなかで述べているように，レーデラーの日本研究は日本における社会の動き方について独創的な洞察を提供するものであり，いまなお一読の価値があるのである．桑田熊蔵の場合，彼についての研究がいまなおわずかしかないことの理由はレーデラーの場合とはかなり異なっている．リベラルな文化科学者や社会科学者の集団にもマルクス主義のそれにも含まれない彼の研究は，社会思想史の関心のスペクトラムから外れてしまうのである．貴族院に議席を持つ保守的社会主義者として，彼はよそ者であり，そうあり続けた．しかし，そうした事情があるとしても，彼がヨーロッパと日本の双方に関して近代産業国家の明暗を記述した唯一無二の人物であるということに変わりはない．こうした意味において，彼は――彼の同時代人エミール・レーデラーと同様に――社会思想の間文化的交換における重要な橋渡しであるとともに，近代資本主義の観察者だったのである．

〈注〉

(1) もっとも重要な研究は次のものである．住谷悦二『日本経済学史』ミネルヴァ書房，1958年．Tessa Morris-Suzuki, *A History of Japanese Economic Thought*. London: Routledge 1991. Kenneth B. Pyle, Advantages of Followership: German Economics and Japanese Bureaucrats. In: *The Journal of Japanese Studies* 1 (1974), p. 127-164. Erik Grimmer-Solem, German Social Science, Meiji Conservatism, and the Peculiarities of Japanese History. In: *Journal of World History* 16, 2 (2005), p. 187-222.

〈参考文献〉

Ruth Benedict, 1946. *The Chrysanthemum and the Sword: Patterns of Japanese Culture.* Boston, Mass.: Houghton Mifflin.（角田安正訳，2008，『菊と刀』光文社.）

Shmuel N. Eisenstadt, 1996. *Japanese Civilization: A Comparative View.* Chicago, Ill.: Chicago University Press.（梅津順一ほか訳，2004・2006・2010，『日本比較文明論的考察』1・2・3，岩波書店.）

Peter Gostmann/ Alexandra Ivanova (eds.), 2014. Schriften zur Wissenschaftslehre und Kultursoziologie. Texte von Emil Lederer. Wiesbaden: Springer VS.

Erik Grimmer-Solem, 2005. German Social Science, Meiji Conservatism, and the Peculiarities of Japanese History. In: *Journal of World History* 16(2), p. 187-222.

Lafcadio Hearn, 1896. *Kokoro: Hints and Echoes of Japanese Inner Life.* Boston, Mass.: Houghton Mifflin.（平井呈一訳，1977，『心──日本の内面生活の暗示と影響』岩波書店.）

Gangolf Hübinger, 2016. Sozialwissenschaftliche Avangarden. Das "Archiv für Sozialwissenschaft und Sozialpolitik" (1904-1933). In: Gangolf Hübinger, Engagierte Beobachter der Moderne. Von Max Weber bis Ralf Dahrendorf. Göttingen: Wallstein.

Immanuel Kant, 1977. Vom ewigen Frieden. In: *Kant, Werke*, Bd. 11. Frankfurt/M.: Suhrkamp.（中山元訳，2006，『永遠平和のために／啓蒙とは何か　他3編』光文社所収.）

Jürgen Kocka (ed.), 1979. Emil Lederer. *Kapitalismus, Klassenstruktur und Probleme der Demokratie in Deutschland, 1910-1940.* Göttingen: Vandenhoeck & Ruprecht.

桑田一夫編，1934．『法学博士桑田熊蔵遺稿集』大空社.

桑田熊蔵，1899a．「独逸に於ける社会政策の要領」，『国家学会雑誌』13(148), p.

89-103.

—————, 1899b. 『欧州労働問題の大勢』有斐閣.

—————, 1907. 『工場経済論』有斐閣.

—————, 1934. 「道徳と経済との関係」. 桑田一夫編 『法学博士桑田熊蔵遺稿集』大空社, p. 247-262.

Kuwata, Kumazô, 1912. Die gegenwärtige Lage der Arbeiter in Japan und das neue Fabrikgesetz. In: Archiv für Sozialwissenschaft und Sozialpolitik, S. 775-779.

—————, 1921. Die Genossenschaftsbewegung in Japan. In: Archiv für Sozialwissenschaft und Sozialpolitik 48, S. 731-747.

—————, 1925. Die Pächterbewegung in Japan. In: Archiv für Sozialwissenschaft und Sozialpolitik 54, S. 424-445.

Bruno Lasker/ Hans Staudinger/ Hans Salomon, 1940. Emil Lederer, 1882-1939. I: The Sociologist. In: *Social Research* 7(3), p. 337-358.

Emil Lederer, 1924a. Japan. Politisch-ökonomische Eindrücke aus dem Fernen Osten. In: Frankfurter Zeitung, Nr. 351, 11. Mai 1924, 1. Morgenblatt, S. 3-4 (Part 1); Nr. 358, 14. Mai 1924, 1. Morgenblatt, S. 1-2 (Part 2); Nr. 364, 16. Mai 1924, 1. Morgenblatt, S. 1-2 (Part 3).

—————, 1924b. Der politische und soziale Aufbau Japans. In: Frankfurter Zeitung, Nr. 726, 28. September 1924, 1. Morgenblatt, S. 2-3.

—————, 1927. Soziale Umschichtung und politisches Werden in China. In: Archiv für Sozialwissenschaft und Sozialpolitik 58, S. 577-626.

—————, 1931. Das modern Japan. In: Auslandsstudien 6, S. 61-89.

Jakob Marschak/ Alfred Kähler/ Eduard Heimann, 1940. Emil Lederer, 1882-1939. II: The Economist. In: *Social Research* 7(4), p. 79-105.

丸山眞男, 1961. 『日本の思想』岩波書店.

Tessa Morris-Suzuki, 1991. *A History of Japanese Economic Thought.* London: Routledge. (藤井隆至訳, 1991, 『日本の経済思想』岩波書店.)

Kenneth B. Pyle, 1974. Advantages of Followership: German Economics and Japanese Bureaucrats. In: *The Journal of Japanese Studies* 1, p. 127-164.

Wolfgang Schwentker, 1991. Die Japan-Studien Emil Lederers. In: *Rikkyo Economic Review* (『立教経済学研究』) 44(3), S. 107-127.

住谷悦治, 1958. 『日本経済学史』ミネルヴァ書房.

Ezra F. Vogel, 1979. *Japan as Number One: Lessons for America.* Cambridge, Mass.: Harvard University Press.（広中和歌子・木本彰子訳，1979，『ジャパン　アズ　ナンバーワン』TBS ブリタニカ．）

第3章

20世紀初期における日本の近代化と消費文化
——三越百貨店の発展史を通して

玉利智子

1　はじめに

　本論は，日本社会における消費文化が近代化のなかでどのように発達してきたのかを考える．特に百貨店に注目し，都市における新しい公共空間として，人々にさまざまな情報や経験を提供しながら，新たな生活様式を提案していった百貨店が，日本社会の近代化のプロセスにおいて重要な役割を果たしたことを検証する．ここでは特に，日本で最初のデパートメントストアとなった三越百貨店の1900年前後から1930年代までの流れについて取り上げることにする．

　以上のようなことを考えるにあたって，次の点から議論を進めたい．

　まず，百貨店の発達が日本の近代化，特に西洋化のプロセスとどのように関連していったかという点について考える．日本の百貨店史をたどる上で，政府の奨励する生活改善を日常生活に浸透させることに貢献したという，百貨店の政治的機関としての役割を指摘することも重要であるが，さらに，百貨店を通じて，「西洋的なるもの」が都市における新中間層の生活様式にどのように実践的な手段としてだけでなく表象として

受け入れられていったのかを考察することも，日本の近代百貨店を理解する上で重要である．

　次に消費文化の成長に伴い，近代消費空間である百貨店が「文化媒介者」によって提案された「合理的」に「改善」され，かつ「モダン」な生活様式を，どのように人々に提供していったかということについて考察する．特に，具体的な実践として，近代的なアイディアや三越のブランドイメージを形成するために組織された三越のシンクタンク，「流行会」を取り上げる．

　これらのことを通して明らかになるのは，近代百貨店が実質的なモノの有用性だけでなく，それらの「表象性」によっても価値のヒエラルキーを規定するフーコーの言うところの「タブロー」の空間として現れ，「西洋的なるもの」を当時の日本社会の文脈の中に取り入れ，「再翻訳」し，「再構築」する役割を担ってきた点である．

　このようにタブローの空間としての百貨店は，都市に出現した大建築として三次元の文化的かつ政治装置として現れるが，それは同時に都市における新しい視覚装置にもなってゆく．百貨店の劇場のように演出された消費空間は，消費者に「新しいまなざし（視線）」を提供することになる．消費者は，この新しいまなざしを通じて，スペクタクルに演出された消費空間を堪能し，そこで時にはパフォーマーとして，また時にはスペクテーターとして新たな消費経験を体験する近代消費者へと成長していく．

　以上のようなことを通して，日本の近代において百貨店がどのように生まれ，成長し，人々へ新しい消費体験を提供しながら「西洋的なもの」，あるいは「近代的なもの」を日常生活の中へ導入する役目を果たしてきたかを読み解いてゆくことにする．そうするにあたって，まず初めに三越誕生の歴史的背景から紹介してゆくことにしよう．

2　三越の歴史と二人の重要人物

　三越百貨店（以後，三越と記載する）の前身は，三井高利が1673年，江戸本町1丁目に開いた呉服店「越後屋」に始まる．世界初の，「店前現銀掛け値なし」，また「小裂いかほどにても売ります」という正札販売を始め，新しい商法を開発するばかりでなく，本町から駿河台に移転した際には，両替店（現在の三井住友銀行）も並置し，のちにこれが越後屋にさらなる経済的な力をつけることになる．「越後屋」は，1893年に「合名会社三井呉服店」へと改組され，1895年には高橋義雄が理事に就任する．高橋は「脱亜入欧，民官調和」をスローガンに，呉服店の事業改革に乗り出す．これまでの座売りの一部を商品陳列販売にしたり，大福帳を取りやめ，西洋式帳簿を採用するなど，文字どおり伝統的なあるいは，アジア的な事業形態から脱し，西洋からのアイディアを採用しつつ，また「官」と「民」の調和を目指した業態をすすめていった[1]．1900年には日本橋店の全館を欧米の百貨店に習いガラス張りのショーケースを使った陳列場として開場し，当日10月15日に，8500人以上の人々を呼び込む大盛況を収めている．高橋のスローガン「脱亜入欧，民官調和」は，実は彼が卒業した慶應義塾の創始者，福澤諭吉の哲学である．福澤のこの思想の発端は，西欧諸国の東アジア進出に対する強い警戒心からのもので，立場を異にしがちな民と官が調和し一致して，対外問題への姿勢を強化することを求めたものであった．そして，日本の独立を守るために他のアジア諸国とは同じくせず，西欧諸国と伍する国際政治の立場を獲得することを目的としたものであった．

　もう一人，高橋と同様，慶應義塾出身の三越にとって忘れてはならない人物は，1904年に初代専務に就任した日比翁助である．同年12月20

日ごろから，顧客や取引先に三井・三越の連名で挨拶状を発送し，「販売の商品は今後一層其の種類を増加し（中略）米国に行わるるデーパートメントストアの一部を実現いたすべく」とデパートメント化を表明した．これと同文のものが翌年，1905年1月2日，「時事新報」他，全国主要新聞紙上に新店名披露（三井呉服店から三越呉服店へ）および「デパートメントストア宣言」として掲載された．これをもって，三越は日本初のデパートメントストアと言われるようになった．

　その後，日比は三越のデパートメント化に尽力する．1904年から1905年にかけて起きた日露戦争に勝利した日本は，勝利国としての機運が上がり，華やかにさまざまな博覧会なども開催され，新しいものや考え方が積極的に紹介されるようになっていった．そんな近代化が進められる社会的状況の中で，日比は欧米，特に英国のデパートメントストアであるハロッズを模した近代的百貨店を目指すようになる．「日本初のデパートメントストアとして，三越は未だその計画の第一歩を踏み出したに過ぎず，理想は，我が三越をしてその設備，経営法など，英国風で着実を主たるハロッズに範を置き，東洋のハロッズたらしめんことを指向したい」と，日比は欧米のデパートメントストアの視察から帰国後話したという（三越 1990: 48）．

　呉服以外の取扱品目は，化粧品に始まり，児童用品，洋服，洋傘，旅行用品，玩具，靴，鞄とその数を増やし，1907年には写真スタジオ，食堂，展示会場などサービスを提供する施設も開設された．日比はハロッズで，顧客に何よりも楽しい雰囲気で買い物をしてもらえるような接客や施設を充実させることの重要さを学んでいた[2]．また，日比のもと，後に紹介する「流行会」も1905年に結成され，三越のブランドづくりに貢献することになる．

3　近代化と西洋のイメージ

　明治維新以降，西洋からの新しいものや考え方がますます日本国内に取り込まれていったことはよく知られている．海外からもたらされたものは日本品と区別して舶来品と呼ばれ人々の間に広まった．舶来品の流行は，福澤諭吉が「舶来品盲拝」とよび，人々の外国製品や西洋風の生活様式に無思慮に憧れるようすを批判するほど行き渡っていた（福澤1940: 181-3）．人々により「西洋的なるもの」は従来の日本のものよりもさらに進んだ，近代的で優れたものとして認識され，かつまたそれらの目新しい異国的なイメージも同時に消費されていった．

　このような西洋的なものに対する日本人の憧れともいうべき構えについては，いくつかの歴史的，政治的背景が考えられる．それは深く日本の近代国家形成に関わる問題と絡み，ここでは詳しく触れる余裕はないが，西洋的なイメージが紆余曲折しながらもとりあえず肯定的に受容された経緯の背景については，少し触れておく必要があるだろう．

　幕末から明治にかけては，先に記述したように，福澤諭吉も含めて多くの知識人たちが日本と西欧諸国との国際関係についての思案を巡らしていた時期であった．欧米諸国の東アジア進出に対する強い警戒心は特に顕著で，これに対する早急な措置を急ごうとしていた．

　西欧列強に対して，日本の国際政治的立場を独立国としてどのように維持するか．またどのようにすれば，他の東アジアの国々よりも「文明」の進んだ国としての印象を与えることができるか．そして，将来的には西欧列強諸国に並ぶ一文明国としての国際政治的立場をどう獲得するか．そういった，思惑のもとにとり行なわれたのが，明治政府の西洋化政策である．西洋諸国に追いつき追い越すために西洋的な近代国家を作るべく「富国強兵，殖産興業」が目指され廃藩置県など大きな国家運営改革

がなされてきたことなどはすでに多く指摘されてきた．そして，こういった文脈の中では，どれほど西洋化しているかということが文明度を図るゲージになっていった（Creighton 1995）．

　日本的な伝統文化，政治形態を変革し，新たな構想を取り入れ実現化してゆく．その過程には多くの犠牲，困難や対立が生じた．しかし，それでもそうせざるをえなかった理由として考えられるのは日本的なものを捨て去り，西洋的な近代国家を形成してゆくこと，それ自体が日本という独立国を維持する有効な政治的手段だったからだと言える．しかし，日本という国家を維持するために日本的なものを捨て去るという手段は，その矛盾を含むが故に，開国（1867）から西南戦争（1877）に至るまで多く痛みを伴った．

4　生活様式と消費文化

　近代国家形成のための西洋化政策はさまざまな政治的運営形態の改革をもたらしたが，それらとともにもたらされた新しい知識や情報もまた，これまでの日常の生活様式に新たな側面あるいは変更をもたらした[3]．

　生活様式とは，社会学的な意味においてもともと特権階級層に特徴的な生活様式を示すものであったが，現代の消費文化研究の領域においては，いうまでもなく自己表現，個性，あるいは社会階層などと関連する文化実践の一つと考えられてきた．この図式は，ピエール・ブルデューの『ディスタンクシオン』（1984）に紹介された彼の理論,「文化的再生論」においてよく知られている．彼は，人々の生活様式，例えば，趣味の嗜好，休暇の過ごし方などの文化的実践と社会階層との関連性を示そうと試みた[4]．

　情報やイメージの急激な増加や多様化は，しかし文化的な実践が繰り

返され，それを実践する人々との関連性が安定し，正当性が認められる
ようになるまで不安定な状況に置かれることになる．ダグラスとイシャ
ウッドは，こういった状況において人々はどのように「混乱した新しい
モノの世界」と向き合うかを学ばねばならないと指摘している（Douglas
& Isherwood 1979）．この時，注意しなければならないことは，この時のモ
ノとはすでにモノそのものの使用価値のみならず，表象あるいは記号と
しても消費されるようになってゆくという点である．

　この考え方はボードリヤールが主張した，近代消費文化におけるモノ
の交換価値の優先性を喚起する．ボードリヤール（1970=1979）によると，
消費者はもの自体をその使用価値において消費することはなく，理想的
な準拠として捉えられた自己の集団への所属を示すために，自分と他者
と区別する記号としてモノを操作していると考えた．

　確かに，明治日本に見られた「西洋的なるもの」として輸入された商
品や生活様式は，「差別化への欲求」にもとづく，自己を表現するため使
われた記号であった．近代消費文化においては，それは主に個人のアイ
デンティティ獲得のための社会的行為として解釈できるだけでなく，明
治日本においては，国家としての新しいアイデンティティを誇示するた
め，つまり，他のアジアの国々とは差別化をはかり，文明国としての認
知を西欧列強から獲得するためにも重要であったのだ．

　こういった伝統から近代への移行時期における知識，情報そしてイメー
ジの混乱期，「混乱した新しいモノの世界」に必要とされるものは，それ
らに指標を与え，解説をつけ，新たな言説やイメージを創造し解釈を与
えてくれる文化の専門家である．のちに詳しく議論するが，近代日本に
おいて，百貨店はそういった文化を専門に取り扱う機関として重要な役
割を果たすことになる．百貨店は新たなモノ，スタイル，そしてテイス
ト（趣味）の新しい意味を創造し，言説を作り出し，それらを分類や階層

化することによって，実践的な知識として近代消費者に提供するように
なる（神野 1991, 2015）．新しい知識や情報から得られる新しい経験を受け
止められる新たな感性，それらをどのように既存の知識や情報の枠の中
に統合してゆけば良いのか．また，そうすることによって，理解，解釈
できる「モダンになる」ということの意味について，百貨店がさまざま
な手法で人々，つまり消費者に伝えてゆくようになる．

5　新しい生活様式と新中間層

　ここでいう消費者とは，特にこの時期に急激に増加した新中間層[5]を
さすことになる．川合（1976: 16）によると新中間層とは，「資本主義社会
においては生産手段を所有しない限りでは雇用賃金労働者ということが
できるが，同時に社会的労働過程においては，主に人間や象徴等を対象
とする職務内容に従事する特殊機能（労働監督機能，構成的または分析的機
能，管理的機能，商業的機能）をにない，かつそれに必要な技術・知識能
力，しかも多少の昇進のチャンスをもつ一群の人々」と定義されている．
1920 年代においては，近代国家形成に伴う，中央動員化，産業化，都市
化とともに地方から多くの移動が起こった．彼らは流動化しつつある社
会体制の中で，上昇志向と社会移動という自己実現の可能性を抱いて都
市に参入してきた人々である[6]．しかし，彼らにとっての社会移動の意
味とは，単に伝統的な上流階級への憧れというよりは，上流階級とは違う，
つまり今までとはどこか違う新しい生活価値観，生活様式を求め，取り
入れてゆくことだった[7]．
　もし，ブルデューが言うように生活様式や趣味の嗜好性が社会層の区
別と関連するのであれば，新中間層にとっての生活様式は，彼ら自身に
特有のものである必要があった．この文脈において，「モダンである」と

いうことの重要性は強調されることになる．「モダンである」つまり，先端的で伝統的な価値観に囚われない生活様式の様態が，新中間層の近代的で新しいイメージを伴う社会的自己意識を形成するに欠かせざるものであったからである．新しい西欧からの商品やアイディアを紹介する役目を果たしていた百貨店が彼らにとって重要な資源と情報源であったことはおそらく想像に難くない．

6　生活改善——節約と消費文化

　新しい生活様式は，しかし百貨店のような商業文化施設からだけ情報が提供され，奨励されていたわけではない．新しい生活の様相はすでに，学校や会社，役所における机や椅子の使用，男性の洋装，週休制，都市における公衆衛生の改善など公の場における近代化による「改革」，あるいは「改善」として浸透しつつあった．これに対して，プライベートな空間，例えば家庭生活の場は，依然取り残された状態であった．しかし，このように最後までなかなか近代化という名のものとにさまざまな実践的な改善が行なわれなかった私的領域，家庭生活に対しても，第一次世界大戦後，勝戦国としての列強の一国として，それにふさわしい文化的生活のあり方が意識されるようになる．さらに，国内においても戦後の経済混乱の中で米騒動（1918）なども起き，人々の日常生活の国による統治が重要と考えられるようになってゆく．

　家庭生活における生活改善については，1919年に内務省から「民力涵養」に関して訓令が出され，民力涵養運動が始まり，また同年文部省からも生活改善に関する訓令が発令され，それが生活改善運動へと発展する．1920年代の生活改善運動は特に東京を中心にその活動が始まる．1919年から1920年に棚橋源太郎が館長を務める東京教育博物館での

「生活改善展覧会」の成功から，生活改善同盟会（1922 年に財団法人となり，1933 年には生活改善中央会に改変された）が文部省の外郭団体として 1920 年に発足し，生活改善に関する調査委員に基づいて衣食住に関する改善事項の内容を決定する事業を展開した．改善事項は詳細に日常生活の具体的な細部に及んだ．まず衣食住社交儀礼，さらには食事に関することまでを含めた改善が提案される．生活振りを考え，無駄を省き，合理的に，能率をあげ時間を有効に活用することなどが重要として挙げられた．

　しかし，そういった趣旨に基づく生活改善運動と消費を促そうとする商業機関である百貨店はどのような関係を持つことができたのであろうか．生活改善運動が奨励する，生活の合理化や単純化，あるいは節約は，「消費」とは全く相異なる論理であるからだ．消費文化を牽引する百貨店は，国の政策と寄り添いながら，かつ消費を促進することによって利益を挙げてゆかねばならないジレンマに追い込まれることになるが，実際にはこの一見両極端な立場をとるように見える論理が「改革」，「改善」や「合理性」追求という言説のもとに同時に実践されることになる．言い方を変えれば，三越が提案した新しい生活様式は，国の政策である「改善」や「合理性」と相反するものではなく，むしろこういった点が強調されることによって，既存のあるいは伝統的なモノに対する批判とともに，西欧的な生活様式が紹介されていたからだ．改善するために，人々は新たなモノや道具を必要としたし，それが日常生活の効率をあげる新しい様式として紹介された．そういったモノやアイディアは，百貨店の小ウインドーにわかりやすく，また美しく並べられ，人々はそれらを購入することで手に入れることができた．新中間層からの新たな生活様式の希求と生活改善運動の奨励した改善や合理性が百貨店で具現化していたのだ．そして，同時に商品は利用価値だけでなく，新中間層のための文化的社会的マーカーとしての交換価値，つまり商品のイメージも消費

されるようになっていった．この一連の現象は，つまり，今日我々が「消
費文化」と呼ぶものである．

　生活改善運動は従って，効率を上げるために節約をし，合理性をあげ
るというシナリオに収まらなかった．効率を上げるために節約をし，合
理性をあげるために消費が必要とされたのだ．こういった点からも，生
活改善運動が人々の生活に改善をもたらした様態は見られたものの，そ
れがどの程度，どのように浸透したのかを定かにするのは難しい[8]．
もっと詳しく言えば，生活改善は衣食住それぞれに多くの改善項目が列
挙されるが，項目相互の関連や全体像は明らかでなく，また，先の川合
の指摘にもあるように，「中流階級」という社会層が時にして，都市にお
ける比較的裕福な中間層にのみ該当するような要件が多かったことなど
も考え合わせると生活改善運動がどの程度，どのくらいの広い社会層に
対して，かつ実際の市民生活に影響をあたえていたのかは計り知れない
部分もあるからである．

　しかし，以上のような背景はあったものの三越は消費文化の牽引者と
して政府の政策と伴走しながらも，モダンなスタイルを楽しむ，買い物
そのものを楽しむという消費文化の特徴を人々に提供することによって，
効率性，合理性を実現しようとした（Garon 1997, 1998）．

　それではそのような商業戦略はどのようにして企てられ，そして消費
者に提示されていったのだろうか．

7　流行会

　三越が商業的な活動ばかりでなく，どのような文化的な活動を創造す
ることで近代的生活様式を促進してきたかを考える上で重要なのは，流
行会といういわば三越のシンクタンクともいえるグループの活動を知る

ことである．流行会は日比翁助により組織され，彼のスローガンである
「学術共同」のもとに 1905 年に結成された．日比は，百貨店は国民文化
の発展に貢献し，商業の利益や発展についてだけではなく，人々の生活
水準向上を助け，そうすることによって国家に対して貢献するべきであ
るという思想を持っていた（神野 1991: 51; 勝田 1972: 88）．生活水準の向上
に貢献するとは，単に新しい商品，またその利便性を提供するというこ
とだけに収まらない．そういった商品の持つ意味，イメージ，美しさを
理解，鑑賞，そして利用することのできる感性を育て，知的で洗練され
た消費文化に対応できる，それはつまり文化価値を理解できる消費者を
育成するという目的もあった．モノの実用価値だけでなく，モノの美し
さやそれに伴う言説を理解し鑑賞できるようになること，かつそういっ
た‘良い’趣味やスタイルによって得られる社会的あるいは心理的な喜
びを味わえる「近代消費者」を生み出すことが重要であった．流行会は
つまり近代消費文化と近代消費者を生み出すために作られたとも言える．
もちろんそのことが三越の経営上の発展につながることにもなったのは
言うまでもない．

　「流行」を作る，あるいは新しい文化を作る流行会のメンバーは，学者，
知識人のほか，文化人と思われる，例えば文人やジャーナリスト，芸術家，
政治家，そして芸者たちで構成された．会の発展にもっとも貢献したの
は尾崎紅葉と彼に関わる人たちであった．尾崎は小説家であったが，広
くスタイリストとして知られ，「粋」を理解する趣味人であった．岩谷小
波がのちに「尾崎紅葉山人自身が流行そのものであった」という言葉も
残すほど，少なくとも知識人の間ではテイスト・メーカーとしてすでに
よく知られていたことがわかる（神野 1991: 132）．

　流行会の提案する‘良い趣味’はのちに‘三越好み’として消費者に
知られるようになり，それが三越のブランドイメージを構成するように

なる．流行会は，1905年の6月から1カ月に一度の頻度で，1920年の初期まで，新しい流行や生活様式についてだけではなく，社会風俗の傾向などを研究討論し三越にアドバイスを与えた．

　流行会による文化活動は，例えば各種展覧会という形態をとって消費者との接点を設けている．1915年には，「旅行に関する展覧会」で，旅行に必要な商品を展示し，休憩室をかねた旅行案内室では，時刻表や案内書なども備え付けられて，顧客の便宜を図った．旅行といえば神社仏閣へのお参りがまず第一の目的であることが主流で，レジャーとしての旅のイメージがあまりない時代に，行楽を目的とした旅を紹介している．また同年，「劇に関する展覧会」も開催され，当時代表的な娯楽であった歌舞伎を中心に，演劇に関するあらゆる方面に手配をして，衣装や小道具，舞台装置などを展示し，人々に芸術としての演劇の理解を促した．また，過去7回にわたって，開催した児童博覧会に加えて，1916年には，「児童用品展覧会」を開催．乳児から小学生までの成長過程を追って節目ごとに設定した場面の中で，服飾品，玩具，学習用品，運動用品などを展示し，その中には流行会内に組織された児童用品研究会が独自に開発した新製品も多く出品された．子供を家庭の中で大切に育てるという教育の意識，子供の再発見を促すとともに，三越にとっても子供は将来の顧客であり，早くから彼らの意識に三越の存在を印象付けることは重要であった（神野 2011: 46-56 参照）．

8　文化媒介者

　流行会の以上のような文化活動は，これまでの生活様式の経験やそれに伴う意味を収集し，それを解釈，翻訳し直し，新しい意味や言説を創造するためのものである．こういったイメージや意味，それにそれらの

階層性を操作することに携わる人々は，一般的に「文化媒介者」と呼ばれる人々に多く見られる．

　ピエール・ブルデュー（1984=1990: 24）によると文化媒介者と呼ばれる人々は，文化生産に関わる人々で，主に，ジャーナリスト，広告マン，メディア，ファションなど文化産業で働く人々のことを指す．つまり，文化媒介者とは文化の専門家として，常に新しいイメージを創出し，それに解釈を与え，普及する役目を果たす人々である．また，マイク・フェザーストン（Featherstone 1991）によると，このような人々は，時には既存の象徴的価値のヒエラルキーを壊して，「（新たな）象徴的価値を持つモノを創出し，市場化し，普及する職業についている人たち」（p.19）で，「新しい生活様式を常に追い求めている人々」（p.44）である．

　翻って，流行会に戻ってみると，広い業種，例えば芸者や政治家もメンバーになっている点が，明治大正期の日本の文化の容態を考える点で興味深い．花柳界は当時流行を生み出すところであり，芸者は現代のアイドル達のようにファッションリーダーとして見られていた．また，政治家がいわゆる西洋的な新しい文化のアドヴァイザーとして考えられていた点は，つまり，当時の政治家が高等教育を受け，海外経験などもある知識人たちとして認識されていたことがわかる．いずれにしても，彼ら流行会のメンバーは，新しい文化言説の創造者としての役目を果たしていた点で，ブルデューの文化媒介者と似た社会的かつ文化的機能を果たしていた．つまり，彼らは，人々に新しい商品や趣味，生活様式を紹介し，評価の仕方，鑑賞の仕方，使い方そして，どのような象徴的価値が付加しているかを説明あるいは翻訳し，近代消費者を創造してきたのだ．

　近代日本の文脈において重要な点は，そのような新しい言説には，常にどこか西洋を意識した新しいアイディアが背景にあったことである．文化の翻訳は単に日本語という言語への置き換えではなく，日本と西欧

との地理政治学的言説を反映したものであった．つまり，西洋的なものに対する優越的，進歩的，近代社会としてのイメージを背景に，それに追従すべきものと考えらえていたということである．しかし，それは西欧社会が単に夢や幻想であるということではなく，むしろそれはいつか確実に実現可能な未来であった．

9　タブローの空間としての百貨店

これまで見てきたように，百貨店は，近代日本に置いて「西洋的なるもの」が紹介され，翻訳され，意味付けられてゆく過程を体現する文化社会的な機能をになってきたわけだが，それはつまり，都市における公共空間として，その時代に現れた「知の体系」に基づき，新しい生活様式の判断や評価のための「タブロー（表）」を提供してきたとも言えるだろう．

ここでいう「タブロー」とは，フーコーが『言葉と物』（1966=1974）の中で取り上げた，特に古典主義時代のエピステーメー [9] において，つまり同一性と相違性に基づく比較をもとに世界の事物を明確に区別，分節することにより現れる表象を合理的に整理する秩序のことである．

フーコーは西欧思想史における人々の「知の体系」（エピステーメー）を4つの時代的区分に基づき分析している．中世―ルネッサンスのエピステーメー（〜16世紀）は「類似」，古典主義時代（17世紀〜18世紀）は「表象」，近代のエピステーメーは「人間」，そしてこれから未来に到来する可能性のある新しいエピステーメーである．

中世―ルネッサンスのエピステーメーにおいては，物事を「類似」によって関係，秩序づけてゆく思考のあり方だが，類似というものには限界がなく，類似はさらに別の類似を呼び起こし，解釈はさらにその解釈

を呼び，関係性は無限に拡大していってしまう．また，言葉と物の分離がなされておらず，物事の関係づけを「言語と言語を関係づけること」そしてそれがつまり，「知るということ」であると考えられていたため，「観察」と「物語」が区別なく混在していたという．だから，例えば，観察に基づいた生物の記述と神話に基づいた物語が，「博物学的な記述」として同様に扱われていることになる．物がすなわち言葉であり，言葉がつまり物であったのだ．

　古典主義時代になると，知の体系が「類似」から「表象」へと変化する．ここで重要になってくるのは，「事物そのものに対する分析」から「どう人間が事物を表象するか」という枠組みの変化である．人間が思い浮かべる表象は，表のように秩序良く整頓されることになる，これがタブローである[10]．吉見俊哉（2016）によると，18世紀においてはその時代のタブローの構図によって「動物園や，植物園を整備して生物の合理的な分類体系を可視化し，商品と貨幣の流通を観察して『表』にまとめ上げ，病気の系統的な分類を行なって病人を分離し，施療空間を慎重に区別してゆくこと，そして同じことが犯罪者の処罰や監獄化でも実施されてゆく」という（吉見 2016: 20）．

　つまりそれは，分類化，階級化するプロセスであるが，中世―ルネッサンスのエピステーメーのように事物を類似性に基づいて無限に接続させてゆくのではなく，相違性，差異性に基づいて，百科全書のように表象を整理してゆくプロセスである．

　おそらく日本近代の百貨店とモノとの関係は，古典主義時代のエピステーメーに基づいたタブローに近い．それは，すぐれて「日本の近代の消費文化」における事物や表象のタブローとして現れていた．百貨店の商品のタブローはまた，ブルジュア的なものとそうでないもの，良い趣味とそうでないものという商品のヒエラルヒーを規定することだけで

図1　「新案家庭衣裳あわせ」ゲーム
（三越のPR誌『みつこしタイムス』1910年新年号の付録）
（『株式会社三越85年の記録』〔三越1990〕より）

なく，男らしいものと女らしいものというような性別の秩序，また子供
らしさといった児童たちのイメージも創造していったのである．例えば，
1910年，三越はPR誌，『みつこしタイムス』新年号の付録に「家庭衣裳
あわせ」ゲームを掲載している（三越1990: 54）．絵札に描かれた家族（祖
父母，父母，息子，娘，女中など）の衣装，用具類を表にしてゆくもので，
そこに必要なものは全て三越の商品から選ばれたものとなっていた（図
1）．つまり，ここでは雑誌という2次元における，三越商品のタブロー

により，人々の社会的な地位やジェンダーをどのように具体的に演出すれば良いかを示すことで，新しいスタイルを提案し，そうすることでその時代に優先的あるいは理想的な社会的秩序のあり方も示唆していた．

　ところで，近代の百貨店（の建築のあり方）はまた，日本の近代における物事の3次元の（3D）秩序のタブロー（表）としても現れていた．百貨店は，通常デパートメント（部門）ごとに分けられて配置され，建築においてもそれぞれのフロアごとに様々な西洋からもたらされたアイディアが商品とともに整然と整理，分別，関連づけられて展示されていた．商品はまた，単に秩序良く展示されていたわけではなく，視線の快楽を生み出すように巧みに仕組まれた視覚装置として現れ，商品を記号化し，表象としての意味合いを深め，「架空の欲望を刺激し，抗しがたい衝動を引き起こさせ，新しい精神状態を創造することのできるような魔術」（吉見 2016: 115）的な力を持つものとして立ち現われることになる．

　レイチェル・ボウルビーが指摘するように，そこにおいては「商品は人を魅了する装いのもとに陳列され，それが日常事物と切り離されたイメージであることにおいて非現実のものと化しながら，しかし日常的環境を維持するために現に買って，家に持って帰ることもできるものであるという意味ではあくまで現実のもの，という二重性」（Bowlby 1985: 2; 高山 1989: 10）を持つ空間となった．

　こういった新しい消費空間として，近代の百貨店はまた，これまでにない3次元の身体経験を味わえる都市におけるスペクタクル空間としても出現していたのだ．ここでの身体的経験とは，次に見てゆくように，特に注意深く計算されたデザインに基づく視覚装置としての百貨店と近代消費者の視線の関係性から読み解くことができるだろう．

10　都市におけるスペクタクル・スペースとしての百貨店

　これまで見てきたように，三越はそのような政治的，文化的機関としての役割を果たしていただけではなく，それを実行するための場，近代生活を紹介するために新しい消費文化の場として都市におけるスペクタクルな公共空間として発展してきた（Tamari 2006: 103）．

　特筆すべき改革は，1914年に竣工した日本橋三越本店である（図2）．明治44年から4年の年月をかけて建設された本店新館は，「スエズ運河以東，最大の建築」と称されて，その当時の最高技術を結集したものとして日本の建築史上にも残る傑作と言われている[11]．鉄筋コンクリート，白レンガで装われた地下1階，地上5階，延床建設1万3210平方メートル（4000坪）の建物には，日本初のエスカレーター，エレベーター，スプ

図2　1914年竣工の三越呉服店
（巳星堂郵便はがきより）

リンクラー，暖房換気，金銭輸送機，スパイラルシュートなどが備えられ，屋上には庭園，茶室（空中庵），音楽堂，塔も設けられ娯楽と慰安施設の整った東京の名所として賑わった．現在でも健在なのは，正面入り口に飾られたライオン像である．ロンドン，トラファルガー広場にあるネルソン記念塔の下にあるライオンを英国の彫刻家メリフィールドが型をとり，バルトンが鋳造したもので，おそらくこれを持って三越の西洋的なイメージを強く印象付ける役目を果たしていたと思われる．百貨店のエントランスに左右それぞれ1頭ずつ，神社に置かれた狛犬のように置かれている．まるで百貨店の中に入ることは，神を祀った神殿に入るが如く，どこか日常とはかけ反れた世界に入ってゆく様態を暗示させているようで面白い．

　建築デザインの中でも目を見張るのは，三越中央ホールに現れた採光大天井である（図3）．採光を十分に取り入れることのできる大天井は，ホール全体をさらに広く感じさせ，当時の人々にとっては，このように壮大で明るい空間は珍しい体験であった．「すべてのものが一つ屋根の下に」というよく百貨店を形容する時に使われる言葉があるが，三越はこの大天井を備えた壮大な建物を持って，それを体現しようとした．このような建築デザインは，また，1851年のロンドン万国博覧会の会場として建築されたクリスタル・パレス（図4）や，1872年にできた世界で初と言われるデパートメントス

図3　日本橋三越本店の天井と階段
（1914年）
（『建築雑誌』〔1915〕，号数不明）

図4　ジョセフ・パクストンによって設計されたクリスタル・パレスの翼廊
1851年ロンドン万国博覧会（©Victoria and Albert Museum, London）

トア，ボン・マルシェの本館を想起させる．どちらも産業革命後の鉄と
ガラスに関する技術開発に伴い可能になった大建築である[(12)]．

　三越が新たな都市，商業空間としてのこのような新館を建築したのは，
単にたくさんの商品を見やすく並べて販売するためのものではなく，そ
こで人々へ日常生活とはかけ離れた空間を楽しませるための「夢のよう
な世界」を提供するためであった．19世紀ヨーロッパに出現した百貨店
はまた，消費の大聖堂，パノラマスペース，贅沢の大衆化，などと表現
され，そのことがこの時代の百貨店が新しい文化の形態であり，人々の
想像力を十分刺激する都市における新しい空間であったことを示唆して
いる．

11 百貨店と「移動性を持った視線」

　百貨店と同じように新しい都市公共空間である映画もまた，夢の城，夢工場そして，ドリームスケープなどと呼ばれて同時期に発達してきた点は興味深く，リーチ（1993），デッサーとジョエット（2000）など，初期の映画と消費文化との関連性を指摘する研究も多い．特にトム・ガンニングは，ワールドフェアや百貨店，そして百貨店のショウ・ウィンドウ，またビルボード，遊園地におけるヴィジュアル・アトラクションはすべて映画と共通するものであると指摘している（1994: 194）．確かに，映画の制作過程で使われる舞台装置や照明によるスペクタクルなディスプレイ，映画館の贅沢な雰囲気，快適な屋内環境などは百貨店と共通する．映画と百貨店の両方に共通するこういった劇場性ともいうべき特徴は，「夢のような世界」を創作するにはとても重要だった．映画に来る観客や買い物に来る顧客は，新しい視覚的，そして感覚的な美的体験の喜びを知るようになる．

　ここで重要なことは，こういった美的体験は新しいものの見方によって強化されたという点である．百貨店のショウ・ウィンドウ，車のウィンド・スクリーン，電車の車窓，そして映画のスクリーンはしばしば近代における視覚的経験として，それぞれ類似するものとして議論されてきた．例えば，歴史学者で視覚文化理論家のアン・フリードバーグによると，近代における新しいものの見方とは「移動性を持った仮想の視線」であるという．彼女によると，主に視覚文化の中でも特に映画は，「動くもの」と「仮想のもの」を結びつける装置で，そこでは「移動性を持った仮想の視線」が出現するという．我々の身体は映画を見ている時は椅子に座っており不動の状態であるが，イメージは次から次へと受け止められ，そういった経験が移動性の感覚というものを増幅する．しか

し，映画に限らず，19 世紀に新しく発明された乗り物，例えば，電車，車，エレベーターや動く歩道で体験するのも変化，拡散する眼差しであり，動的・移動性を持った視線（mobile gaze）である（Friedberg 2008: 4）．

　また，自分が歩行することで移動性を持った視線を体験する都市空間も多く現れた．例えば我々がアーケイドや百貨店を歩き回ったりするときは，我々は次から次に現れる連続的に切れ目のないイメージを見続ける．フリードバーグが指摘するように 2 次元の装置である映画（スクリーン）と 3 次元空間の百貨店でのショッピングが，同じような「移動性を持った仮想の視線」を生み出すかどうかは，もう少し慎重な考慮をする必要があるように思われるが，19 世紀に新たな視線が新たな美的身体的体験を生み出し，その体験自体が「商品化」され「消費された」という指摘は重要である．

12　フラヌーズと女性の公共空間

　それでは，百貨店において商品化され，消費された「移動性を持った視線」はどのように体験されていたのだろうか．三越をおとずれる女性客たちは，必ず何かを購入しなければならないというプレッシャーを感じる必要もなく，ブラブラと店内を歩きながら，目の前に美しく展示された商品によって繰り広げられる夢のような世界に身を置くこと，そのこと自体を楽しんでいた．つまり，彼女たちは都市を遊歩する，フラヌーズのように百貨店を楽しんでいたのではないか[13]．1920 年代には「銀ブラ」という言葉も流行り，銀座をただブラブラと歩く都市的娯楽行為が見られるようになる．権田保之助の「民衆娯楽論」（1931），安藤更生の「銀座細見」（1931）それに，今和次郎の「モデルノロジオ」（復刻版 1986）などが東京の街頭生活や新しい文化様式を観察しているが，そのど

れもが都市を遊歩する大衆に注目している点が興味深い（Harootunian 2000: 184ff）.

　女性が都市を一人歩きするということは，日本においても中上流階級の婦女においてはあまり好ましいことではないと考えられていたが，19世紀の西洋においても，危険であるばかりか不道徳なものとして考えられていた．都市を一人歩きする女たちは売春を目的とする女たちとイメージが重なり，淑女であればそのようなことは差し控えられるべき行為として考えられていた．しかし，バージニア・ウルフによると，西洋では1850年から1860年ごろ，ちょうど百貨店が出現した頃から，主に中流階級の女たちが都市における安全な場所，女性の公共空間として百貨店を利用していたという（Wolf 1985: 44）.以上のように，百貨店は西洋を問わず，女たちが家庭内における日常生活のルーティンから逃れ，気晴らしのできる，安全で自由に楽しめる都市空間を提供していたのだ.

　三越におとずれる客たちについての初期的な調査は，先にも紹介した今和次郎の「モデルノロジオ」（1986）に詳しい．今と吉田謙吉は，めまぐるしく変化する東京の風俗を広くフィールド調査したが，その中の一つに「デパート風俗社会学」がある[14].彼らの報告によると，女性の顧客の方が男性よりも多くかんじられるのは，単に女性たちのデパートメントストアにおける滞在時間が長いからだと説明している．しかし，もう少し社会的な背景からも近代女性の都市における生活様式の変化や彼女たちの視覚化の要因を考えることができるであろう．例えば，都市で働く女性たちの増加や，女子教育の広がりなども，家庭の中にとどまっている女の生き方とは違う生活様式を実践し始めた女たちが増え始めた原因であり，そういった女性たちが都市における新しい消費文化を謳歌し始めていたということも考えられる（Tamari 2018: 246-51）.また，このような新しい考え方を持つ女性たちは，男性たちの視線からマスメディア

の中で，批判や賞賛の対象となることが多くなり，新しい都市に出現した「新しい女性」として視覚化されやすかった．

13　パフォーマティビティとアイデンティティ

　そういった彼女たちにとって，百貨店はドメスティックな閉ざされた空間とは全く違う，自分を公にさらすことのできる開かれた空間として認識されていた．公の場とは，つまり舞台に立つ女優のように，家庭内での素顔とは違う自己イメージを演出できる空間のことである．この点において百貨店は，単なる必要な商品を購入するために訪れる場ではなく，新しい商品や他の女性客たちを観察することで新しい情報を手に入れたり，その情報を生かして自分を演出し，他人から見られることを楽しむ空間となっていった．つまり百貨店は，舞台だったのだ．

　アメリカの社会学者アービング・ゴフマンは，人々の日常の相互作用やコミュニケーションのあり方をドラマツルギー（演劇的な視点からの分析方法）を用いて読み解こうとしたことで有名である．彼は，人々の社会的相互作用を，役割を遂行する「行為」と役割を遂行しているかのような演技の「表現」に分け，特に後者についての研究を行なった．自分は他人にどのよう見られているのか，あるいは見られたいのかを意識して「印象操作」を行なうために，人々は「時間，場所，オーディエンス」によって規定される演出を行なう．そういったパフォーマンスをする個人は，他人であるオーディエンスの前でパフォーマーとなる．この二つの役割は互換性があり，個人はあるときはパフォーマンスを鑑賞するオーディエンスともなる．個人は，「印象操作」によって，自分の描きたい自分のイメージを創作するための欲求や目的を充足するために，また，それを他人に対して示すという「自己呈示の効果」を引き出すために，パ

フォーマンスし，そしてまた，他者のパフォーマンスを鑑賞するオーディエンスともなるのである．ゴフマンの指摘の中で重要な点は，ある状況に共存する身体自体が公共的な身体記号，つまり「身体イディオム」となり，コミュニケーションの媒体を果たしているという指摘である．人々は言葉に頼らずにして身体表現から相互間の情報を交換し合うことができるのである（椎野 1991: 41）．

　百貨店に訪れる顧客たちは男性も含めて以上のような同様な相互行為をしていたと考えられるが，特に女性たちにとって開かれた安全で清潔で華やかな舞台装置である百貨店は，彼女たちの表舞台としてパフォーマンスをする場であり，かつオーディエンスとなる場であった．百貨店は，また表舞台での演技を準備するための裏舞台も提供していた．「自己提示の効果」を発揮するためには，さまざまな新しいモノやそれに必要な情報が必要となるが，そういった演出に必要なモノや情報を獲得し，それを「表舞台」に出る前に，試してみることも可能なのが百貨店であった．知識豊富な販売員からのアドバイスや試着室で新しい品を試してみるという行為は，すべて「裏舞台」で行なわれたのだ．

14　百貨店と近代日本文化

　これまで見てきたように，明治以降，盛んになる西洋からの物資や新しいアイディアは，新しい生活様式を提案するものも多く，これまでの既存の価値観や秩序に変化をもたらしたが，この時期に，三越は近代消費者に対して「表舞台」と「裏舞台」を提供することで，新しいスタイルや生活様式の情報を提供するガイドブックやモダンになるための資材の宝庫として社会的文化的な機能を果たしてきた．

　しかし，新しい生活様式が日常生活の中で意識されるようになったの

は，百貨店ばかりであったわけではない．日本の伝統的な価値観に取って代わって，西洋化を推し進めるという方策は，西洋列強から自国の独立を保守するための有効な政治的な策として考えられ，「生活改善運動」の名の元に国策として進められた．「合理的」，「改善」は百貨店，生活改善運動のスローガンであり，新しいものを購入，消費することを勧める百貨店と，「効率化」を奨励する生活改善運動は，「消費」を促進する立場と「節約」を奨励する立場をとり，それぞれ道義として相反するものであったが，現実には「改善」を進めるための消費の必要性から，消費文化の成長と生活改善は同時に進行した．

　こういった伝統から近代への移行時期における知識，情報そしてイメージの混乱期，「混乱した新しいモノの世界」に必要とされるものは，それらに指標を与え，新たな言説やイメージを創造し解釈を与えてくれる文化の専門家である．三越の中に組織されたシンクタンク「流行会」は文化媒介者・文化の専門家で構成され，彼らにより新しいモノの意味やイメージが企画され，創造されて，それらを理解し，鑑賞し，楽しむことのできる近代消費者を形成していった．百貨店は，以上のようなことを通してこの時期に優越的であるエピステーメー（知の体系）に基づき，判断や評価のための「タブロー（表）」を提供してきたとも言えるだろう．

　百貨店はまた，近代消費者に新しいまなざし（視線）を体験させる空間でもあった．アン・フリードバーグがすでに分析しているように，19世紀において写真，映画，都市闊歩，パノラマ，ジオラマ（透視画）によって「移動性の視線」という新しい視覚的経験がもたらされたが，この「移動性の視線」は新しい消費空間でも体験されるようになる．フリードバーグは，ヴァルター・ベンヤミンのコンセプト，フラヌールに注目し，都市におけるアーケイドや展覧会，博物館や百貨店を遊歩することを楽しむ人もまた「移動性の視線」を持って都市空間を遊歩する人々であると

指摘した．つまりそこでは，かつて男性たちがアーケイドにおいてフラヌールとなったように，女性たちは百貨店においてフラヌーズとなったのだ．百貨店は劇場化され，彼女たちはそこで演技者となり，また観客となりながら新しい消費体験を経験し，近代消費者となっていった．

　以上のように日本の近代化のプロセスにおいて，百貨店は「西洋的なるもの」を当時の日本の文脈に「再翻訳」し，「再構築」する役割を担ってきた．これらのことを通して言えることは，草創期の百貨店は，近代日本に置いて西洋的なるものが紹介され，翻訳され，意味付けられてゆく過程を体現する文化や政治の仲介者として，日本の近代化過程の中で重要な社会文化的役割を果たした中心的な機関であったということである．

〈注〉

(1) 『株式会社三越 85 年の記録』（1990: 32）によると，高橋はこの他にも，彼の行なった経営の大改革として，江戸時代の末期以来，ほとんど変化を見せなかった婦人晴れ着の模様に新風を起こし，時勢に適応する流行を創出させたと記されている．

(2) 三越をただ商品を売るだけの施設ではなく，エンターティメントの場としたかった日比は，日本で初めての屋上庭園を作りそれを空中庭園と名づけ，高層建築の少ないこの時代に，眺望絶景を楽しめる空間づくりにも貢献している．

(3) たとえば，洋食や牛鍋，西洋式住宅の建築など，さまざまな西洋的なるものが入り込み人々の日々の生活様式にも影響を与えるようになる．

(4) 日本でも，ブルデューの理論的な枠組みを踏襲しながらも独自の検証方法を用いて行なわれた片岡栄美による大規模な調査が『趣味の社会学——文化・階層・ジェンダー』（2019）として結晶している．

(5) 新中間層の全人口に占める割合は第一次世界大戦後に 4 〜 8 ％程度を占め，昭和初期にかけての時期に，特に都市部で先駆けて増加したものと把握される（佐藤 2004: 27）．

(6) 生活改善の対象としての〈中流〉については，特に比較的裕福な都市部中

間層を対象にしており，現実には生活難を抱える多様な新中間層が存在しており，〈中流観〉はさまざまな政治的な立場からいろいろと議論されていたという指摘がある．これについての詳細は久井英輔「大正期の生活改善における〈中流〉観の動向をその傾向」（2012）参照のこと．

(7) 新中間層と新しい生活様式に関してはさらに詳しく「贅沢」をテーマにして展開された玉利（2016:91-5）を参照のこと．

(8) 生活改善運動の詳細については，「生活改善運動の特徴とその変容」を参照のこと．

(9) 渡辺と佐々木（1974）はエピステーメー（épistémè）について，以下のように説明している．「ギリシャ語で『知識』の意味．フーコーはある時代における様々な学問の成立を可能ならしめる，その時代固有の知の深層構造を指すのに用いている」（事項検索 P34 を参照のこと）．

(10) これは，カントの『純粋理性批判』から影響を受けており，世界そのものと人間が見ている世界は同じものではなく，世界は人間がみずから解釈を与えたものとしてのみ存在するという考え方に近い．

(11) 横河工務店（横河民輔）による．（三越 1990: 64）．また，平成 28（2016）年 7 月，増改築され 1935 年に完成した本館が国の重要文化財に指定されている．

(12) また，ジークフリート・ギーディオンは蔵書がよく見えるように配置され，最大限の明るさ，移動するための十分な設備を備えた図書館（ここでは，パリの国立図書館閲覧室）は，消費者に展示商品がよく見えるように配置された百貨店の空間的モデルとなったことを指摘している（Friedberg 2008:101）．

(13) ボードレール，ジンメル，リチャード・セネット，そしてマーシャル・バーマンたちによってなされた男性の都市浮遊者に対してのみ使われたフラヌールという言葉は，ジャネット・ウルフにより近代における女性の都市経験が考慮されていないという理由で批判され，彼女によってフラヌーズという言葉が生み出された．

(14) 1927 年新宿紀伊國屋書店の展覧会を契機に考案された「考現学」という名称は，展覧会の成功以後出版された『モデルノロヂオ（考現学）』（1930 年 7 月）によって広まるようになる．それについて今は「われわれの仕事の珍奇さ，また在来いわゆる文明批評という形式でいわれていたような一面を含むこと，そして非書斎的，非形式的にやっていること，等々のことが，ジャーナリズムにまず迎えられたといえるのである．考現学の知友をまずその方面に得た──『モ

デルノロヂオ』一冊を備えない新聞雑誌編集室がないといわれるほどだ（この点あるいは暴言多謝）」（白 2007: 267）と書いている．

〈参考文献〉

安藤更生，1931，『銀座細見』春陽堂．

Baudrillard, J., 1970, *La Société de consummation,*. Gallimard: Paris.（今村仁司・塚原史訳，1979，『消費社会の神話と構造』紀伊国屋書店．）

Bourdieu, P., 1984, *Distinction*, London: Routledge.（石井洋次郎訳，1990，『ディスタンクシオン Ⅰ』藤原書店．）

Bowlby, R., 1985, *Just Looking: Consumer Culture in Dreiser, Gissing and Zola*, London: Methuen.（高山宏訳，1989，『ちょっと見るだけ──世紀末消費文化と文学テクスト』ありな書房．）

Creighton, M. R., 1995, "Imaging the Other in Japanese Advertising Campains," J. G. Carrier ed. *Occidentalism: Image of the West*, Oxford: Oxford University Press.

Desser, D. and G. S. Jowett, 2000, "Introduction," David Desser and Garth S. Jowett eds., *Hollywood Goes Shopping*, Minneapolis: Minnesota University Press.

Douglas, M. and B. Isherwood, 1979, *The World of Goods: Towards an anthropology of consumption*, London and New York: Routledge.

Featherstone, M, 1992a, *Consumer Culture & Postmodernism*, London: Sage Publication.

Friedberg, A., 1994, *Window Shopping: Cinema and the Postmodern*, Berkeley: California University Press.（井原慶一郎・宗洋・小林朋子訳，2008，『ウインドウ・ショッピング──映画とポストモダン』松柏社．）

Foucault, M., 1966, *Les Mots et les choses: Une archeologie des sciences humaines*, Paris: Gallimard.（渡辺一民・佐々木明訳，1974，『言葉と物──人文科学の考古学』新潮社．）

福澤諭吉，1940，『人生読本』水木京太編，第一書房．（2019 年 11 月 16 日取得，https://books.google.co.jp/books?id=DwxKAAAAIAAJ）．

Garon, S., 1997, *Molding Japanese Minds: The State in Everyday Life*, Princeton, N. J.: Princeton University Press.

─────, 1998, "Fashioning a Culture of Diligence and Thrift: Saving and Frugality Campaign in Japan 1900-1931," S. A. Minichiello ed., *Japan's Competing Modernities: Issues in Contemporary Culture and Democracy 1900-1930*, Honolulu:

University of Hawai‘i Press.

権田保之助，1931，『民衆娯楽論』厳松堂出版．

Gunning, T., 1994, "The Whole Town's Gawking: Early Cinema and the Visual Experience of Modernity," *Yale Journal of Criticism*, 7(2): 189-201, (Retrieved November 25, 2019, https://vdocuments.site/gunning-whole-towns-gawking.html).

Harootunian, H, 2000, *Overcome by Modernity: History, Culture, and Community in Interwar Japan*, Princeton: Princeton University Press.

久井英輔，2012，「大正期の生活改善における〈中流〉観の動向をその傾向」『広島大学大学院教育学研究科紀要』第 3 部，61: 27-36．

神野由紀，1991，『趣味の誕生――百貨店がつくったテイスト』勁草書房．

―――，2011，『子供をめぐるデザインと近代――拡大する商品世界』世界思想社．

―――，2015，『百貨店で〈趣味〉を買う――大衆消費文化の近代』吉川弘文館．

片岡栄美，2019，『趣味の社会学――文化・階層・ジェンダー』青弓社．

勝田健，1980，『ドキュメント三越――流通業界を騒がせる「華麗」な商法』ダイヤモンド社．

川合隆男，1976，「『新中間層』論序論――分化と分解の狭間に立つ変革期における新中間層」『法學研究――法律・政治・社会』49(10): 12-51．

今和次郎・吉田謙吉，1986，『モデルノロジオ――考現学』復刻版，学陽書房．

Leach, W. R., 1993, *Land of Desire: Merchants, Power and the Rise of a New American Culture*, New York: Vintage.

三越，1990，『株式会社三越 85 年の記録』三越．

椎野信雄，1991，「ドラマトゥルギーから相互行為秩序へ」安川一編『ゴフマン世界の再構成――共在の技法を秩序』世界思想社，33-64．

佐藤裕紀子，2004，「大正期の新中間層における主婦の教育意識と生活行動――雑誌『主婦之友』を手掛かりとして」『日本家政学会誌』55(6): 479-92．

白恵俊，2007，「考現学と日韓モダニズム文学」『文京学院大学外国語学部文京学院短期大学紀要』7: 3-78，（2019 年 12 月 21 日取得，https://www.u-bunkyo.ac.jp/center/library/image/fsell2007_263-278.PDF）．

Tamari, T., 2006, "The Rise of the Department Store and the Aestheticization of Everyday Life in Early 20th Century Japan," *International Journal of Japanese Sociology*,

15(1): 99-118.

————, 2016, "The Department Store in Early-Twentieth-Century Japan: Luxury, Aestheticization and Modern Life," *Luxury: History, Culture, Consumption*, 3(1-2): 83-103.

————, 2018, "Modernization and the Department Store in Early -Twentieth-Century Japan: Modern Girl and New Consumer Culture Lifestyle," E. Krasteva-Blagoeva ed., *Approaching Consumer Culture*, cham: Springer, 237-255.

吉見俊哉，2016，『視覚都市の地政学——まなざしとしての近代』岩波書店.

第4章

〈外見〉の発見と日本近代
——「美人」の写真を「見る」ことの社会的様式に着目して

木村絵里子

1 はじめに

　私たちは，ふだん，いかにして人々のイメージとしての外見をまなざ
しているのだろうか．本稿では，この問いを明治期において外来の視覚
文化であった写真の社会的な受容様式との関連から考察してみたい．と
くに 1891（明治 24）年に行なわれた「東京百美人」という芸妓（芸者）の
肖像写真の展示会を通して，写真を「見る」ことの社会的効果を検討する．

　当時の写真は外来の文化であったと述べたが，それ以前の日本社会に
おける視覚文化はどのようなものであったのか．開化期におけるさまざ
まな新旧の交代劇を描いた《開化旧弊興廃くらべ》（1882［明治 15］年）に
は（図 1），擬人化された「浮世絵」（錦絵）と「写真」が争うようすが描
写されている．つまり，日本社会の場合，錦絵が肖像写真の前身に位置
づけられる．《開化旧弊興廃くらべ》の錦絵と写真には，それぞれ女性ら
しき人物が描写されているものの，実際のところ，浮世絵と写真の抽象
度には明らかな違いがある．それにもかかわらず，「写真を写せば寿命が
縮む」などといった迷信が生まれはしたものの（小沢 1986 → 1997），写真
に対する激しい葛藤や抵抗がみられたというわけではなかった．むしろ

図1　歌川芳藤《開化旧弊興廃くらべ》1882 年
下図は上図の左下に描かれた擬人化された「錦絵」と争う「写真」の部分
（郵政博物館＝所蔵・画像提供）

写真は，『東京新繁昌記（初編）』（服部誠一著，1874，山城屋政吉）にあるように「眞影を寫す」ものとして，ごく短期間のうちに深い関心と驚きとともに比較的あっさりと受け入れられたのである．

　では，浮世絵とは異なる姿で写しだされた写真の人物像を，人々はいかにまなざしたのだろうか．ヨーロッパほど肖像画の長い歴史を持たない日本において，新しい視覚イメージであった写真への対峙は全くの新しい経験であったと考えられる．しかし，写真の技術史などの蓄積はあるものの，日本社会における写真を「見る」ことの社会的様式については，これまで意外なほど論じられてこなかった．写真の受容様式は，当然のことながら自然でも人為的でも，また写真を前にして直ちに成立するものでもなく，ある社会に固有のやり方で作り上げられ定型化されるものなのである．

　一方，明治期における女性と写真の関わりについては，これまで主として写真を通して「見られる」という経験に注目がなされてきた（佐久間 1995; 佐伯 2012; 坂本 2014 など）．とりわけ 20 世紀初頭は，女性向けの雑誌が多く創刊され，女性たちの写真が雑誌メディアなどを通じて広まるなかで，「見られる」という経験が台頭することとなった．佐久間りか（1995）は，この「見られる」経験が，女性たちに対して，自らに向ける視線に他者（カメラの後ろ）の視線を重ね合わせるという「自己の可視化」という経験をもたらし，それが「自分で自分を見る」ための鏡という旧メディアと比較したときの写真の新しさだと指摘する．だが，先述したように写真を見るための何らかの社会的な様式が成立していなければ，メディアに流通する女性たちの写真を観察・解読し，共有することはできない．そのため，「見る」ことの社会的様式にも着目する必要があるだろう．

　そこで本稿では，江戸期の美人画（浮世絵）と「東京百美人」の肖像写

RYO-UNKAKU. （浅草公園）車覧観（浅草公園） 閣　雲　凌

也物び呼の園公に共むしせ轉廻を客乗てしに車覧観望展は圖左りな種高の階二十は圖右

MISEMONO. 　　　　　　（浅草公園）場　覧　観

しなち別の衣晝事ふ騒々轟々喧音の樂衆び街を奇び競な新にひ互れ列な軒場行興の種各

図２　凌雲閣と浅草公園周辺（『東京名所写真帖』出版社不明，1900）

真の女性イメージを比較し，その姿を捉える視線のあり方から写真の社会的な受容様式について検討してみたい．「東京百美人」とは，1891（明治 24）年の 7 月 15 日より約 2 カ月間にわたって浅草・凌雲閣[1]（図 2）にて開催された写真の展示会である．東京の柳橋，浅草，葭町，赤坂，新橋という花街の芸妓（芸者）[2] 100 名の大型の肖像写真が陳列され[3]，訪れた者による人気投票が行なわれた[4]．このイベントは，エレベーターが操業停止した凌雲閣に客を呼び込むための策であったといわれているように（井上 1992），3 階から 6 階まで各花街の芸妓の写真が展示され，次の写真を見るために階段を上っていくしくみとなっていた（「凌雲閣上百美の圖」『讀賣新聞』1891［明治 24］年 7 月 17 日）．じっさい，展示会の開催期間中は，凌雲閣に訪れる者が急増している[5][6]．東京百美人は，現在でも行なわれているミス（美人）コンテストのルーツとして（井上 1992），また，マス・メディア的情報空間の萌芽でもあるメディア・イベントのごく初期の成功例として捉えられてきた（木村 2019）．

2　明治期の写真経験

次に，まず明治期における写真経験と明治後期以降の女性表象に関する議論について確認する．

2 − 1.「御真影」と芸妓の名刺判写真

日本社会における写真技術の普及期には[7]，撮影料などからすると，自分自身を「撮る／撮られる」ものではなく，他の誰かが写す写真を「見る」あるいは「購入する」ものとして経験されたと推察される[8]．撮影を行う写場（写真館）ではなく，既製の写真の販売のみを目的とした写真舗というものがあり，この写真舗では，明治初年より名所風景の写真，

天皇・皇后の御真影・肖像画，政府高官，財界名士，歌舞伎役者，芸妓，娼妓などの名刺判写真（小型写真）が複写されて販売されていた（小沢 1986 → 1997; 亀井 1991）[9].

周知のように天皇や皇后の「御真影」（肖像写真）は，近代国民国家としての日本を形成していくにあたって大きな象徴的役割を果たしたことが指摘されてきた（柏木［1987］2000; 多木［1988］2002; 若桑 2001 など）．また，「文明／野蛮」という二項対立図式のなかで押し進められた「国民」の創出過程においては（成田 1996），これら皇族の御真影にみられる身体的ふるまいや「洋装」の姿が，文明国としてふさわしい理想のモデルとして位置づけられたのである．国民国家の形成を問題化する視点は，ポストコロニアル研究の B. アンダーソン（1983=2007）の議論をきっかけにして勢いを得たが，1980 年代以降，日本でも同様の視点から明治維新以降の近代国家のあり方が問い直されてきた（西川 1998 など）．上記の議論は，広義の国民国家論のなかに位置づけることができる．しかし，こうした枠組みだけではさまざまな写真の受容様式を捉えていくことは難しい．

各教育施設で実施されていた御真影に対する拝礼という儀式は，確かに 19 世紀日本における写真経験の一側面ではある．しかし，宮内省内で管理されていたはずの明治初年に撮影された天皇の肖像写真は，民間の写真師が撮影したためか外部に流出し，複写が重ねられ，役者や芸妓の写真とともに写真舗で販売されるに至っており，御真影のすべてが儀礼の対象になったわけではない．とくに 1888（明治 21）年に作成された天皇の肖像写真は [10]，右田裕規が指摘するようにブロマイドとして市中で売られていただけでなく，新聞雑誌などのメディアを介して何万もの人々の手元に届けられ，まるで「スター・有名人の写真」のように，ある意味では「不遜な読解」がなされていった（右田 2001）[11].

芸妓らの写真も同様に，写真舗で販売されており，とくに東京百美人

図 3　芸妓の名刺判写真（小沢監修［2012: 116, 119］より）

以降は「美人写真」として雑誌メディアに取り上げられ，やはりスター・有名人の写真のような扱いを受けることになる．また，それ以前にも芸妓は自分自身の名刺判写真を贔屓筋に対し名刺代わりに配っていたともいわれている（図 3）．亀井武（1991）によると，1876（明治 9）年の週刊誌（『昌平余聞東京新誌』第 9 号）には，「娼婦」は写真を店頭に掲げるため，「芸妓」は「愛客」を増やすために写場（写真館）に訪れると書かれていた（亀井 1991: 134）．

　以上の御真影と美人写真の被写体は，階級的には両極に位置していたといえるものの，いずれも公的な存在であり，ごく普通の人々の写真が出回っていたわけではない．ただし，市場に出回った御真影や政府高官らのものと，芸妓，役者などの肖像写真を完全に同一視することもできない．御真影などの場合は，卓抜した個人としての自己像が市場に出回

ることになるが，芸妓の場合は，「イメージの労働者」として，金銭や評判とひきかえに自分自身の身体の一部をイメージとして他者に譲渡し売り出すことになるからだ（西村 1997: 119）．

　先の名刺判写真（図3）とは，1854年にフランスで撮影が開始されたカルト・ド・ヴィジットと同じものである．低価格で撮影することができたため，それまで富裕層のみに享受されていた肖像写真がより広範囲の層へ普及していった．また，個人的なつながりのない名士や俳優，ダンサーなどの写真を複製したものが販売されており，コレクションとして収集されアルバムのなかに収められた（西村 1996）．欧米では，このカルト・ド・ヴィジッドによってイメージが売買される者の大半が女優やダンサーであったが日本では，江戸期より女性が舞台に立つこと（女歌舞伎・遊女歌舞伎・女踊り子）は禁じられ，そうした存在がごく少数であったために芸妓の女性たちが美人写真の対象になったものと考えられる．

2－2．消費文化における「美人」表象

　一方，必ずしも写真に限定されない「見る」ことの経験に着目する議論が散見される．とくに明治・大正期における女性表象に関しては，これまで雑誌メディアや広告などの消費領域のなかで論じられてきた．これらは広告などの文化装置を歴史社会的な文脈のなかで捉え返し，消費社会の起源を戦前期に見出す試みとして位置づけることができる．

　柏木博（［1987］2000）は，家庭向け雑誌であった『週刊朝日』の1930〜40年代の表紙の女性像を分析している．その女性像は，日本女性でありながら，どこか欧米人を思わせる大きな瞳と高い鼻をもち，密かなエロティシズムを発散させる女性たちと，そのイメージからかけ離れ，官能性を感じさせない健康的な若い母という，二つの類型の間を揺れ動いていた．こうしたイメージが雑誌の表紙に使われたのは，顔の持つフェ

図4　三越呉服店の波々伯部金州による美人画を使用したポスター
（1907 年，モデルは新橋の芸妓「清香」）

ティッシュな力が読者を惹き付けるからだという．加えて，女性表象の一つ目の類型，つまり〈日本的なるもの〉を理念化しながらそのなかに〈西洋的なるもの〉を滑り込ませるという表象に対してエロティシズムを感じる大衆の感性は，広告のイラストに西洋女性が描かれ始めた明治30年代後半まで遡れると指摘する．

　吉見俊哉（2000）によれば，明治40年代以降の百貨店（三越呉服店）のポスターに描かれた女性にも同様の傾向が見られるという．たとえば図4のように元禄風の衣裳 (12) に身を包みながらも，顔の輪郭や仕草などのディティールには西洋的なモダニティが表現されている．広告ポスターの図柄の中心を占めていたのは，先の『週刊朝日』の表紙のような表象

としての「美人」であり，やはりこうした「美人」のイメージが大衆の関心を引き，宣伝効果を持つと考えられていた.

　ただし，百貨店のポスターは，当初「広告」と見なされてはおらず，額縁などに入れられ室内装飾用の美術として受け止められた（吉見2000, 2016）．つまり，百貨店のポスターは，先述したように西洋的モダニティの表現が加えられてはいるものの，江戸期の浮世絵版画的な「美人画」の系譜を継ぐものとして位置づけられている（吉見2000）．多くの広告史研究では，日本の近代ポスターの歴史は，こうした美人画ポスターに始まると言われており（山本1984），おおよそ1920年代の後半に至るまで，煙草や酒類などの商品広告でも「美人」表象が利用されるようになったという（竹内2011）．

　しかし，上記の議論は，明治後期から昭和初期の「美人」表象に着目するものであり，それ以前に対する関心は薄く，本稿のように，いかにして人々がイメージとしての外見をまなざすのかを問題にする場合，以下のことを問う必要がある．すなわち，明治後期の百貨店の美人画ポスター，そして1930年代の『週刊朝日』の表紙の女性像は，なぜ「顔」を焦点化しているのか[13]，なぜ「顔」がフェティッシュな力を持つようになったのか，全身像を描いた江戸期の美人画に対するまなざしは，その後どう変化したのか……．というのも，少なくとも近世の美人画は，全身像を描いたものが圧倒的に多く，「顔」に対するフェティシズムは存在していなかったと考えられるからである（図5・6）．半身像を描いた大首絵もあるが，いずれにせよ美人画の「顔」は，表情も乏しく，「引目鈎鼻」という様式化された形で描かれている．時期や絵師によって多少の違いが見出せるものの，美人画とは少なくとも顔の形態の違いを強調するために描かれたわけではなかった（山折［1986］2006）．では，浮世絵とは異なる姿で写しだされた写真の人物像を，人々はどのようにまなざしたの

図5　菱川師宣《見返り美人図》
1688-1704 年
（東京国立博物館＝所蔵 ＊1）

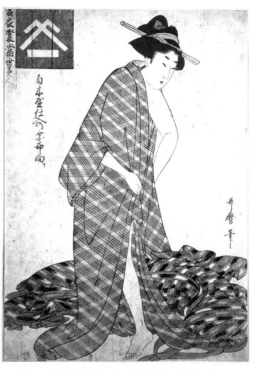

図6　喜多川歌麿《白木屋仕入の乗布向キ》「夏衣装当世美人」1804-06 年
（東京国立博物館＝所蔵，Image: TNM Image Archives）

だろうか.

3　芸妓に対するまなざし

3－1.　芸妓評判記の評価基準

　写真の具体的な分析に入る前に，東京百美人以前から芸妓を順位づけ

る試みがあったことを確認しておきたい (14). たとえば 1881 (明治 14) 年に出版された『東京粋書　初編』(野崎左文 (憑空逸史評) ほか, 粋文社) は, 芸妓のランクづけを行なう芸妓評判記である (15). 本書には, 新橋の芸妓約 300 人のうち, 名を載せても落籍しないとされる 184 人の芸妓の源氏名, 芸妓屋, 町名の一覧表 (芸妓列名) と, さらにこの列名とは別に, 一部の「老妓 (中年を過ぎた芸妓)」「名妓 (名高く優れた芸妓)」「雛妓 (一人前でない芸妓)」の簡潔な人物紹介 (列伝) が掲載されている. たとえば「春野屋」の名妓「小園」の場合は, 「上等妓流にして姿品 (ひとがら) 卑しからず, 常に紳士豪客の愛遇を受て綺席間に周旋するものなり, 小園性端静にして妄りに笑ハず, 笑へバ, 必ず巨大倉庫を傾るに至ると聞けり……」と紹介される.

　そして同書に掲載された「藝妓等級比較表」(図 7) では, 全ての芸妓が, 「技藝」, 器量などの「姿色」, 「品格」, おもむきを意味する「風致」, 経験を積み, 巧みなさまを示す「老練」という 5 つの評価項目において 1 等から 184 等までランク付けがなされている (「老練」のみ 30 等まで). 先の「小園」(小その) は, 「技藝」八等, 「品格」十一等, 「老練」が二十七等, 「風致」三十六等, 「姿色」三十七等であり, 別の「萬屋」の名妓「まつ」は, 「姿色」一等, 「品格」二十一等だが, 「風致」は九十六等, 「技藝」百八十三等となっている (野崎 1881: 61-70). 「小園」と「まつ」はともに, 先の列伝 (人物紹介) のなかでは「名妓」として位置づけられているのだが, この等級比較表では, 「まつ」の場合は「姿色」と「品格」, 「小園」の場合は「技藝」と「品格」という項目において上位にランク付けられており, 「名妓」の根拠となるところは決して一様ではないことがわかる.

　技芸とともに「姿色」にやや重きが置かれているとはいえ, この等級比較表や先の列伝が示すように芸妓に対しては, 「姿色」の他にも, 「品

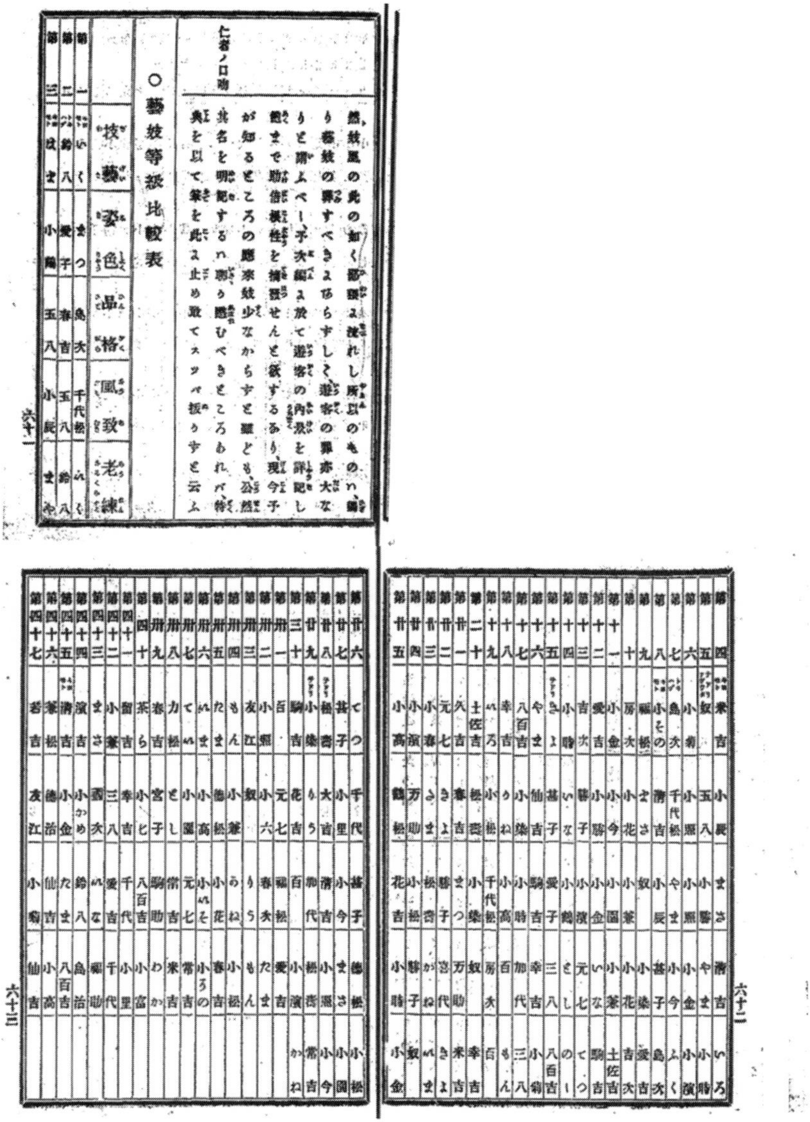

仁者ノ口吻

然ば妓風の先の如く[illegible]に流れし所以のもの〻鑑り藝妓の罪すべきにあらずして遊客の罪亦大なりと謂ふべし予次編に於て遊客の内談を評記し徴まで助者の性を摘発せんと欲するあり現今予が知るところの藝妓少なからずと雖ども公然其名を明記するに[illegible]り踏むべきところあれバ特典を以て筆を此に止め敢てスッパ抜りすと云ふ

○藝妓等級比較表

	技藝	姿色	品格	風致	老練
第一	いく	まつ	島次	千代松	ふく
第二	鈴八	愛子	春吉	玉八	鈴八
第三	[illegible]	小菊	玉八	小辰	まや
第四	米吉	小辰	まさ	清吉	いろ
第五	奴	玉八	小勝	やま	小時
第六	小菊	小照	小照	小金	小濱
第七	島次	千代松	やま	小今	ふく
第八	小その	清吉	小辰	甚子	島次
第九	福松	まさ	奴	小染	愛吉
第十	房次	小花	小葉	小花	吉次
第十一	小金	小今	小園	小葉	土佐吉
第十二	愛吉	小勝	小金	いな	駒吉
第十三	吉次	藤子	小濱	元七	てつ
第十四	小時	いな	小鶴	さし	のい
第十五	きよ	甚子	愛子	三八	八百吉
第十六	やま	仙吉	駒吉	幸吉	小菊
第十七	八百吉	小染	小時	加代	三八
第十八	幸吉	りね	小高	百	もん
第十九	いろ	小松	千代松	房次	百
第二十	土佐吉	松壽	小染	奴	幸吉
第廿一	久吉	春吉	まつ	万助	米吉
第廿二	元七	きよ	勝子	宮代	きよ
第廿三	小春	ゑま	松吉	かね	いま
第廿四	小濱	万助	小松	勝子	奴
第廿五	小高	鶴松	花吉	小時	小金
第廿六	てつ	千代	甚子	徳松	小松
第廿七	甚子	小里	小今	まさ	小園
第廿八	松壽	大吉	清吉	小照	小今
第廿九	小染	りう	鶴代	松壽	常吉
第三十	駒吉	花吉	百	小濱	かね
第卅一	百	元七	福松	愛吉	
第卅二	小照	小六	春次	たま	
第卅三	友江	奴	りう	もん	
第卅四	もん	小葉	ふね	小松	
第卅五	たま	徳松	小花	春吉	
第卅六	いま	小高	小れそ	小ろの	
第卅七	てい	小園	元七	常吉	
第卅八	力松	とし	常吉	米吉	
第卅九	春吉	宮子	駒助	わか	
第四十	茶ら	小と	八百吉	小富	
第四十一	留吉	幸吉	千代	小里	
第四十二	小葉	三八	愛吉	千代	
第四十三	まさ	喜次	れな	福助	
第四十四	濱吉	小かめ	鈴八	島治	
第四十五	清吉	小金	たま	八百吉	
第四十六	峯松	徳治	仙吉	小高	
第四十七	若吉	友江	小菊	仙吉	

図7　藝妓等級比較表の一部
（野崎左文（憑空逸史評）ほか 1881『東京粋書 初編』粋文社：61-63）

格」，「風致」，「老練」という芸妓の人となりに対する包括的なまなざしがあった．それゆえ，これらの評価のなかで，たとえば「姿色」だけが特権的な価値を有していたとは言い難く，あくまでもそれは芸妓に対する多様な評価のうちの一つに過ぎないのである．

　以上のような『東京粋書』で詳述される情報は，（現代のガイドブックのように）花柳界の外部に向けて開かれているようにみえて，実は内部で閉じている．とくに先の芸妓等級比較表（図7）は，対象人数も膨大で，かつその評価項目も多岐に渡るため，上位はともかくも下位になるほどそれを読み取ることが難しくなる．「姿色」の十九等と二十等の差が何に基づいているのかは全くわからず曖昧であることから，当の芸妓と顔見知りでない場合には，各順位を把握することは，ほとんど意味をなさない．さらに，そもそもこの本は，芸妓に対して文字で書かれた評価，つまり言語と意味による評価がなされているのであり，こうした点においてもそれを読む者はリテラシーを備え，かつ芸妓遊びが可能な層に限定されている．ここに書かれている芸妓に対するさまざまな評価は，「冶郎」や「通客」など疑似的親密空間である花柳界内部のコードを知りつくした者のみが共有できるものとなっており，外部の者にとって，これらを解読することは容易ではない．この等級表とは，全ての芸妓をランク付けした上で，それを顔見知りが見て楽しむという内輪の遊びであることがわかる[16]．

3－2．東京百美人の評価基準

　では，東京百美人で行なわれた投票の際の評価基準とは，どのようなものだったのだろうか．同イベントの写真の被写体が芸妓に限定されていたことに対して，芸妓がもともと容姿を売り物の一部としており（井上1992），また，「見られる」商売であったからだという解釈がなされてきた

（佐久間 1995）．ただし，同時代においては先の評判記が示すように芸妓に対する多様な評価規準が存在していたのであり，この点についてはもう少し注意深く検討する必要がある．

　じっさい，東京百美人の企画段階における評価基準には，大きな変化が見られなかった．というのも，展示会では，先の『東京粋書』のような芸妓評判記と同種のものである有料の小冊子『百美人鏡』（伊藤升次郎編，1891，金鱗堂）が発売されていたからである．写真の掲示とともにこうした小冊子が販売されていたことは注目すべき点であり，先の芸妓評判記でもみられた花柳界内部で生産・消費された芸妓の人となりに対する評価方法が，そのまま同イベントへも持ち込まれていたことを示している．

　しかし，当時の新聞記事によると，この小冊子は芸妓らの抗議があったことによって発売から10日ほど経った後，発売停止に追い込まれている．抗議の内容がどういうものであったのかは明らかではないが，記事には「老妓」が「同業者の不利益」になると訴えたと書かれている(17)（「繊主凌雲閣を動かす」『讀賣新聞』1891［明治24］年8月10日・朝刊）．そして販売中止となった小冊子の代わりに，花街の地名，芸名，年齢，芸の長所，本名が書かれた一枚刷り（図8）（『東京百花美人鏡　志らせ号外　一名十二階美人品評の志ほり』伊藤升次郎編，1891，金鱗堂）が新たに発行されたのだという（岡塚・吾妻編 2015）．この一枚刷りが個々の写真を解釈するための一助になったことは間違いないであろう．だが，その一枚刷りには，それぞれの芸妓が得意とする芸が書かれているものの，当然のことながら芸の巧拙の程度まではわからない．情報が少ないために先の評判記で書かれていた技芸，姿色，品格などの多様な項目による評価というのも下しようがない．つまり，少なくとも東京百美人が企画され開催された時点では（小冊子が販売された時点では）組み込まれていたはずの芸妓に対する包括的なまなざしが，小冊子が販売中止になったことによって，ご

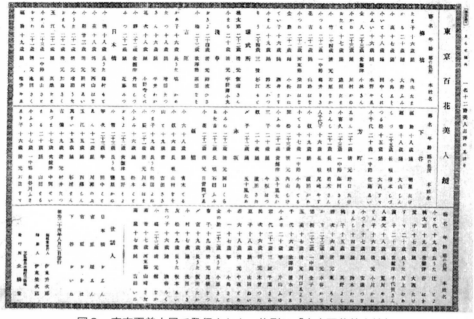

図8. 東京百美人展で発行された一枚刷り「東京百花美人鏡」
（岡塚・吾妻編 [2015:83] より転載）

く断片的なものにならざるをえない状況になっている.

　とはいえ，当初，芸妓評判記のような包括的な評価基準が東京百美人にも持ち込まれていたものの，実際に訪れた者のなかにはおそらく観光客などふだん花街で座敷遊びをしない者も含まれていたはずであり，こうした不特定多数の者の間でその評価基準が共有されていたとは言い難い．つまり，必然的に百名もの芸妓に対する評価は，写真に写されたものに限定されることになる．投票のための評価基準は，「目で見る」という実践のみによる評価へと移行しており，文字で書かれていた先の芸妓評判記からは大きく飛躍しているのである．

3 － 3.　東京百美人の写真の社会的受容様式

　次に，東京百美人で展示された写真に着目し，その写真をどのように
見たのかということについて検討したい．そのために，これらの写真と
美人画として括られる江戸期の浮世絵（錦絵）を比較しながら [18]，両者
における「美人」の意味的差異について考察する.

　江戸期に描かれた遊女や歌舞伎役者の浮世絵は，先の名刺判写真（図3）
のようにブロマイド的な性格を備えたメディアであった．版画という大
量生産が可能な媒体で普及しており，廉価であったことから庶民も容易
に手に入れることができたという．遊女を描いた浮世絵の美人画と，先
の明治期以降の娼妓や芸妓の写真は，いずれも遊郭や花街という限られ
た場や空間に存在する「玄人」女性たちのイメージを外部に流通させる
機能を備えていた.

　本稿で比較の対象とするのは，江戸後期に歌川豊国（三代，国貞）に
よって描かれた《江戸名所百人美女》（図9）である．この浮世絵は，江
戸の各名所とともに芸妓や花魁，女中，妾などさまざまな属性の女性100
人が描かれた揃物である．一方，東京百美人は，凌雲閣という東京名所
を舞台とする《江戸名所百人美女》の明治版あるいは写真版と評される
ことがあるように（我妻 2015），その写真は，確かに江戸期の浮世絵のコー
ドを引き継いでいる．まずは，《江戸名所百人美女》と東京百美人の写真
の共通性について確認したい.

　たとえば写真（図10）には芸妓の全身像が写されており，またその立
ち姿は腰を残したまま見返すという浮世絵に見られる「蛇状」の姿勢（若
桑 1997）とよく似ている（図10の右端）．ただし，浮世絵に比べて東京百
美人の立ち姿に曲線があまりみられないのは，撮影の際に（露出時間が長
かったため）体を固定するための器具である「首おさえ」を利用している
からであろう．なかには，この「首おさえ」の一部が写りこんでいるも

| よし町 | 新はし | 三味せんぼり |

図9　歌川豊国《江戸名所百人美女》1857（安政4）～ 1858（安政5）年
（国立国会図書館貴重書データベースより）

| 新橋（玉川屋）玉菊
十七歳 清元 川口しよう | 新橋（相模屋）桃太郎
十九歳 常盤津 谷はな | 新橋（中村屋）小と代
十九歳 長うた 辻とよ |

図10　百美人展の芸妓の写真 1891（明治24）年
（小沢監修 [2012：85-86] より転載）
注）左上から花街，（芸妓屋），芸名，年齢，芸の長所，本姓名.（　）内の芸妓屋のみ『百
花美人鏡』（伊藤升次郎編，1891，金鱗堂），あとは『東京百花美人鏡 志らせ号外 一名
十二階美人品評の志ほり』（伊藤升次郎編，1891，金鱗堂）より（佐藤 2016:41-49）.

のもある（岡塚 2009）．視線がカメラに向けられていない点も浮世絵と共通している．

　背景には川があり，よく見ると小さな蒸気船が走っており，足元には座布団や茶わんなどが置いてあることから，この撮影用のセットは，墨田川沿いにある料亭の一室という設定になっているのだろう．皆，「凌雲閣」と書かれた団扇を持ち，右下の盆栽の鉢には「苔香園」と書かれた札がささっている．浮世絵にもこうした広告としての機能を備えたものが多数見受けられる（図 6）．

　次に，《江戸名所百人美女》と東京百美人の写真の違いについて確認しよう．両者を見比べてみて際立つのは，美人画（浮世絵）の様式化された「顔」である．どれも目，鼻，唇はほぼ同じ形（引目鉤鼻）をしており，それぞれの女性の個性的な要素を確認することができない[19]．ただし，類型化された顔の代わりに，髪型，着物の柄，色合いは無限のヴァリエーションがあり，それにしぐさや身のこなしなどが加わった全体的なイメージとしての「風情」が描かれている（佐伯 1993: 424）．美人画が写実性ではなく抽象度の高い画であることも，装いやしぐさを含む全体的な「美人の風情」を際立たせるための効果があったと考えられる．

　また，美人画におけるその人物の特徴が髪型や身のこなしなどによって表現されたのは，身分や職業に応じて装いが厳しく定められていたこととおそらく深く関連しているのだろう．ここにおける「美人」とは，特定の顔や身体の形態を指すのではなく，花街や遊廓という特定の場やそこに属す身分を示す髪型や着こなし，振る舞いという「風情」において体現されるものなのである．さらに《江戸名所百人美女》では百もの場が描かれているのに対し，東京百美人の背景はすべて同一であるという点も大きく異なる．撮影用のセットであったことにもよるのだろうが，それでも，やはり東京百美人の写真は，場に対する想像力が決定的に失

われていると言わざるをえない.

　さらに，東京百美人の写真は，ほぼ同じポーズで撮影されており，髪型や着物，帯の結び方のわずかな違いが確認されるだけである.ここで目に留まるのは，やはりそれぞれの女性の「顔」の違いであろう.それゆえに東京百美人の写真と豊国の美人画とでは，「顔」と「着物やしぐさ」がちょうど反転しているように見えるのである.

　撮影場所が統一されていたのは，「其の撮影場の異なる時はおのずから写真面にも相違を生ずる」という写真のイメージにおける多義性を統制するためであった（「凌雲閣の寫眞」『讀賣新聞』1891年7月7日）.カメラという「機械の眼」は，対象を選別せず詳細な細部をも写し出すという「新しい視覚」をもたらしたが（伊藤1987），そこで「人間の眼」が，見る対象をその人自身の意識によって選別し焦点化していることに初めて気付く.写真の統制は，この「機械の眼」がもたらす過剰な視覚を「人間の眼」に近づけるための配慮にほかならない.

　しかしながら，東京百美人の写真は，こうした配慮によって全身像が写されていながらも，（美人画と比較すると明らかなように）自ずと「顔」に目が向いてしまうのである[20].このように美人画のコードを引き継ぎつつも転態している写真のイメージは，結果的に「顔」を発見させてしまうこととなった.それは，後に『東京百花美人鏡』（ロコタイプ印刷）として1冊の写真帖にまとめられているが，その写真が全身像ではなく，すべて半身像にトリミングされたものになっていることからも明らかである（図11）.先述したように東京百美人以降，芸妓を写した写真のことを「美人写真」と呼ぶようになるが，やはりその構図も半身像が典型となっており，近世の美人画とは違う視線の働きがある.

　美人写真において，豊国の美人画のように豪華で優雅な衣装，しぐさというものにさほどこだわらなくてもよいのは，女性たちの「顔」が十

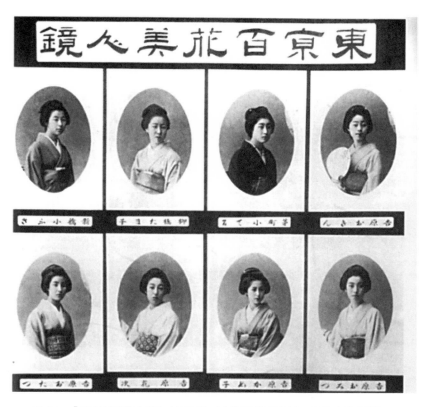

図11　『東京百花美人鏡』（1895）（小沢監修 [2012：90] より転載）

分に魅力的であったからに違いない．美人写真における「芸妓」の存在は，
遊廓や花街などの特定の場と強く相関する装いなどではなく，ただ「顔」
というインデックスに落とされており，「顔」そのもののイメージによっ
て消費されるようになったことが示されている．

4 おわりに

2節で述べたように，芸妓の写真は，明治初年よりすでに写真舗や勧工場において販売されており，花柳界の外部の者も容易に手にすることができた．東京百美人では，こうして分散された形で流通してきた芸妓らの写真が一箇所に集められている．それは端的にいって，芸妓の写真が「見世物」の文化のなかに組み込まれたことを意味する．江戸期から吉原などの廓や遊里は「悪所」と呼ばれ，日常のすぐ近くにあるものの，慎重に隔離された非日常の空間であった（広末1973）．芸妓や娼妓は，いわばウラの世界に属する特別な女性たちであったから，オモテに属す者の興味を引いたのであろう．じっさい，この凌雲閣の北側に位置していた遊廓・吉原は，最上階からの眺望の魅力の一つであり，望遠鏡で覗くと吉原の美妓が笑い，手招きをするのがみえるという冗談めかした艶話もあったという（細馬[2001]2011）．写真舗で陳列されていた写真も，こうしたウラの世界を小出しにし，「覗き見」の感覚を味あわせることで成立する商売であったともいえ，その意味では写真舗に掲げられた写真とこの東京百美人の写真は確かに連続性を有している．

しかし，この東京百美人は，都市のなかのある特定の場に存在していたそのウラの世界が，突如，百枚もの写真という壮大な規模でもってオモテの世界へと滑りこんでいくような，かなり特異なものであった．佐藤健二によれば，凌雲閣の展示は「それまで見たことのないなにかを見つめさせる空間」（傍点引用元）を提供したのだが（佐藤2016:29-30），東京百美人は，まさにそうした凌雲閣的な展示会の有り様を常態化させる契機となったのである[21]．

もっとも東京百美人に写し出された芸妓の表象＝再現は，本来芸妓を取り巻いていたはずの様々な文脈から切り離された疑似的な世界ではあ

る. 当然のことながら, 写真の被写体とそれを見る者の間には, 必ずしも直接的な交流があるわけではない. それゆえに投票のために誰かを選ぶ際の基準は, 芸妓という存在をただ, 美しい「外見」の女性として収斂させるスペクタクルの論理に基づくことになる. 一方, 芸妓も, 写真として掲げられた時点において, 技芸や風致, 品格, あるいは何か客を引き付けるものを備えているかという花柳界内部の評価方法からは切り離されて, 単なる表象へと転化しているのである.

　以上のことから, 先の芸妓評判記の多様な項目に現れているように芸妓がもともと「器量」のみが高く評価される職業であり, かつ「美人」であったために「美人写真」の被写体となったという見方は, 現代的な女性と美, あるいはそれと写真との関係性を自明視したところから発生するものだといえる（現代において, マス・メディアで映像化される女性は, 多くの場合, 〈美しさ〉を備えている）. そうではなくて, 写真というメディアによってイメージとして切り取られ, 芸妓評判記に記述されていたような花柳界という場と密接に関連していた芸妓に対する多様, かつ包括的な評価がそぎ落とされたときに,（一部の）芸妓が, はじめて容姿のみが高く評価される身分へと化したといえるだろう. そこでは, 花柳界といういわばウラの世界に属す女性を「覗き見」し, そして所有したいという欲望が同時に働いていたのだが, それを可能にしたのは写真という技術であった. 芸妓を被写体とする写真が「美人写真」としてカテゴライズされ, それが広く出回ることによって, 芸妓のイメージが「美人」と強く結び付けられていったのである [22].

　さらに, 東京百美人の写真は, 遊女や芸妓を描いた近世の浮世絵における「美人」との意味的差異として成立していた. すなわち, 浮世絵の「美人」は, 豪華な装いや身のこなし, そして「場」という全体によって「風情」として表現されており, 顔それ自体は非個性的で記号的なもので

すらあった. ところが, 東京百美人の写真は, 浮世絵のコードを引き継ぎつつも転態しており, 統制された構図によって, 結果として「顔」に関心が向けられてしまう. 写真に写し出された芸妓の表象＝再現は, 芸妓を取り巻いていたさまざまな文脈から, あるいは芸妓の人となりをまなざす花柳界内部の評価基準からも切り離されているのであり, ここで単なるイメージとしての〈外見〉が発見されたといえよう. 東京百美人は, 自律した形における〈外見〉(とりわけ「顔」)を可視化させるきっかけを与えたのである[23].

　本稿で着目してきた写真は, 確かに外来の文化ではある. しかし, ここで見出されたのは, 個性的な顔 (それと人格との対応) が表現された西洋近代の肖像写真をなぞったり転写したりする形ではない, 近代の日本社会独自の経験であったと捉えることができる.

　※付記　本稿は, 平成28年度に日本女子大学に提出した博士学位論文「〈女性美〉の歴史社会学──1880年から1930年までの近代性の位相」の第1章「『東京百美人』という経験」を大幅に加筆修正したものである.

〈注〉

(1)　通称浅草十二階. 東京都台東区浅草公園にあった煉瓦造りの12階の建物で1890 (明治23) 年に建設された. 東京名所となったが, 1923 (大正12) 年の関東大震災で半壊した.

(2)　芸妓 [芸者] とは, 花街の宴席・お座敷において唄や三弦, 琴, 踊などの芸を披露する職業の女性のこと.

(3)　展示された写真の額面は, 「縦三尺横二尺餘」(約90cm×60cm) であり, かなり大型の写真である (「凌雲閣の大寫眞」『讀賣新聞』1891 [明治24] 7月16日). 江戸東京博物館に所蔵されている百美人のアルバム「凌雲閣百美人」では, 鶏卵紙に印刷され着色が施されている.

(4)　投票料は一票五十銭. 撮影者は米国で乾板撮影・製造法を学び東京の京橋で

写真館「玉潤館」を営んでいた写真師の小川一眞である．小川の経歴の詳細については小沢（1994）や岡塚（2001, 2012）を参照のこと．

(5) 東京百美人が行なわれる前の登閣客は 1 日平均 300 人であったが（「凌雲閣」『讀賣新聞』1891［明治 24］年 7 月 5 日），その後は登閣客が俄に増加し，2,490 余名までになったという（「凌雲閣の登覧者」『讀賣新聞』1891［明治 24］年 7 月 17 日）．

(6) この百美人を企画・開催した凌雲閣は，その後も似たイベントを企画している．翌年の 2 月からは芸妓と娼妓の肖像画を出品した「美人畫展覧會」（「浅草十二階の畫」『讀賣新聞』1892 年 2 月 25 日），同年 11 月からは吉原の娼妓 100 人の写真展示会（第二回百美人）（「［広告］吉原百美人写真陳列」『讀賣新聞』1892 年 11 月 10 日），翌々年には「洲崎遊廓の美人連」を対象とした「第三回百美人」が実施され（「第三回の百美人」『讀賣新聞』1893 年 1 月 13 日），やはり登覧者により投票が行なわれた（木村 2019）．

(7) 写真の発明は，1839 年にフランスでダゲレオタイプ（銀板写真）が公表されたことに始まる．ダゲレオタイプが日本にはじめて輸入されたのは 1848（嘉永元）年であり，その十年後には湿板写真が導入された．写真技術は，蘭学者らによって比較的短期間のうちに全国的に波及した．小沢健志（1986 → 1997）は，この幕末から後に乾板写真へと移行する前の明治初年までを日本写真史における一つの区分として捉えている．また，写真文化の変容を社会学的に考察したものとしては，菊池（2016）がある．

(8) 写（撮影）料は，1874（明治 7）年刊『東京新繁昌記 初編』（服部誠一著）によれば玻璃（ガラス板）で二十五銭，紙焼きで五十銭から七十五銭と記されているように相当高価なものであった．撮影料が下がり，写真館の利用層が広がりをみせるのは明治 30 年前後以降のことである．江戸後期から明治後期までの撮影料については，旗手勲（1971）を参照．1876（明治 9）年頃の東京では，写場が数十余，写真舗は数百を超えており，さらにその多くが浅草公園の付近に密集していたという（亀井 1991）．

(9) 1882（明治 15）年の不粋庵の戯詩によれば，百貨店の前身である勧工場でも，芸者などの写真が，帽子，こうもり傘，時計，煙草入れなどとともに商品として陳列されていたことがうかがえる（鈴木 2001:228-229）．

(10) 1888（明治 21）年に作成された天皇の肖像写真は，軍服をまとい，堂々と胸を張る姿となっているが，実はキヨッソーネによって描かれた絵を複写した

ものである．このスタイルは，ヨーロッパの肖像画とよく似ており，近代ブル
ジョワジーの視線を感じさせるという（多木［1988］2002）．

(11) 当時の新聞記事によれば，写真舗で販売された御真影は，だいたい50銭か
ら60銭くらいであった（右田2001）．

(12) 小袖模様の一種．通常，元禄模様というのは，徳川5代将軍綱吉の在職期
間（1680～1709），すなわち天和・貞享・元禄・宝永年間に流行した小袖模様
を指す（『日本大百科全書』小学館）．1905（明治38）年以来，三越呉服店はこ
の「元禄模様」の和装品一式を新商品として売り出した．

(13) 木村涼子は，大正期の商業美術における美人画や『主婦之友』の表紙の女
性像の「顔」と，江戸期の美人画との比較を行ない，多くの相違・共通性を見
出している（木村2000）．だが，これら大正期の美人イコンが江戸期の美人画
と異なり，なぜ顔を焦点化しているのかということはやはり問題化されていな
い．

(14) 江戸期より「遊女」は，太夫・格子等の値段付けがなされており，たとえ
ば遊女評判記の『吉原細見記』では，それぞれの遊女が十四の位に細分化され
た形で紹介されている（大橋・渡辺編［1797］2011）．

(15) 他にも花街ごとの芸妓列記が掲載された『芸妓のわけ（わけのわかる本）』
（味岡弥輔偏，1879，延寿堂），各花街の歴史や等級表を記した『東京妓情 巻之
上』（酔多道士著，1883，東生亀治郎），座敷遊びの心得を説く『粋客必携粋人
の宝』（名倉亀楠著，1889，名倉亀楠）などがある．

(16) 岸井良衛（2011）によれば，1879（明治12）年に成島柳北による芸妓評判記
『新柳情譜』が二百冊に限って出版されたというが，そこでも，先の「小園」が
紹介されており，やはり「一笑が物を言う」と評されている（岸井2011:332）．
『東京粋書』の記述内容と酷似しており，花柳界内部で情報が共有されていた
ことが示されている．

(17) 他には以下のような記事もある．「中にハ甚だ気の毒な者あり又かわいそう
な者あり　兎に角穏やかならぬ所あり……發買を差止めたので百名の美人中
ホツと息を吐いたのが六七十人ある」（『朝日新聞』1891［明治24］年7月25
日）．

(18)「美人画」という名称は明治期以降に付けられたもので，当時は「女絵」，
「遊女絵」などと呼ばれていた．西洋美術史学が導入され，日本美術史を作り
上げる過程において人物像の中でも特に美しい女性を描く絵画として美人画

というジャンルが成立したという（安村 2002）．

(19) 実は，このような顔に対する無関心は，近世文学のなかにも見出せる特徴である．亀井秀雄（1984）によれば，近世文学，とりわけ後期の洒落本や人情本における登場人物の描写では，衣装などの身なりや風体によって表現されており，顔が描かれることはほとんどないのである．まれに行なわれても，それは身なりの「シリーズ」の一環である類型化された顔でしかなかった（亀井 1984：24）．顔への関心が始まるのは，坪内逍遥の『当世書生気質』や二葉亭四迷の『浮雲』などの近代文学を創始した作品からだという．

(20) また，それが先の芸妓の名刺判写真（図 3）との大きな違いでもある．名刺判写真では，技芸の巧拙まではわからないものの，着物の美しさやしぐさによってポーズによって風致や品格という芸妓の「風情」が表現されている．

(21) 凌雲閣の展示会では，ほかに「大楽器」の展示（1893［明治 26］年 4 月〜）やアルコール漬けの「両頭の蛇」（1893［明治 26］年 2 月〜），「大鯨と大鰯」（1894［明治 27］年 4 月〜）などがある（佐藤 2016:29）．

(22) さらにこの「美人」とは，「芸妓」などの「玄人」に限定されており，そのなかにはまだ「素人」の女性は含まれていない．芸妓以外の女性が美人写真のなかに加わるためには，源氏名や芸妓屋とは異なる情報が別の形で付与される必要があった（木村 2016）．

(23) ただし，「顔」あるいは〈外見〉の見方は，このときすぐ確定されたわけではなくさまざまな揺らぎが見られた．たとえば書籍・雑誌メディアには，「顔」に「内面性」を読み取ろうとする試み（ここで外側からは容易に読み取れないものとしての「内面」が浮上している）と，美しい「顔」の形態そのもの，つまり「美人」の標準と偏差を言語化する試み（「外見」そのものを語るという試み）という二つの様式の言説が出現した．井上（1991）が明治期の修身書に見出した「美人罪悪論」や表情に関する議論は前者のなかに位置づけることができる．これらを詳述することは今後の課題としたい．

〈参考文献〉───────────────────────────────

Anderson, B., 1983, *Imagined communities : Reflections on the Origin and Spread of Nationalism*, Verso.（=1987 → 2007, 白石隆・白石さや訳『定本　想像の共同体──ナショナリズムの起源と流行』書籍工房早山.）

我妻直美, 2015,「浮世絵と写真」岡塚章子・我妻直美編『浮世絵から写真へ

──視覚の文明開化』青幻舎 : 162-167.

Barthes, R. 1961, "Le message photographique", *Commnication* no.1,（=1980,「写真のメッセージ」蓮實重彦・杉本紀子訳『映像の修辞学』朝日出版社.）

──, 1964, "Rhétorique de I'mage", *Commnication* no.4,（=1980,「イメージの修辞学」蓮實重彦・杉本紀子訳『映像の修辞学』朝日出版社.）

──, 1975, "La troisième sens", *Commnication*.（=1984, 沢崎浩平訳『第三の意味──映像と演劇と音楽と』みすず書房.）

──, 1980, *La Chambre Claire : Note sur la photographie*, Gallimard.（=1985, 花輪光訳『明るい部屋──写真についての覚書』みすず書房.）

Benjamin, W. [1931], "Kleine Geschichte der Photographie", *Gesammelte Schriften II・I*, Shhrkamp, 1977,（=1998 → 2013, 久保田司編訳『図説　写真小史』筑摩書房.）

──, 1936, "*Das Kustwerk im Zeitalter seiner technischen Reproduzierbarkeit*",（=1995, 久保田司訳「複製芸術時代の芸術作品」浅井健二朗編訳『ベンヤミン・コレクション１　近代の意味』筑摩書房.）

遠藤知巳, 2016,『情念・感情・顔──「コミュニケーション」のメタヒストリー』以文社.

旗手勲, 1971,「幕末・明治初期の写真撮影料」「明治中・後期の写真撮影料」日本写真家協会編『日本写真史 1840 − 1945』平凡社 : 371, 378

広末保, 1973,『辺界の悪所』平凡社.

細馬宏通, [2001] 2011,『浅草十二階──塔の眺めと〈近代〉のまなざし』青土社.

井上章一, 1991,『美人論』リブロポート.

──, 1992,『美人コンテスト百年史──芸妓の時代から美少女まで』新潮社.

伊藤俊治, 1987,『〈写真と絵画〉のアルケオロジー』白水社.

亀井秀雄, 1984,『身体・この不思議なるものの文学』れんが書房新社.

亀井武, 1991,『日本写真史の落穂拾い』日本写真協会.

柏木博, [1987] 2000,『肖像のなかの権力──近代日本のグラフィズムを読む』講談社.

菊池哲彦, 2016,「写真というテクノロジー」長谷正人編『映像文化の社会学』有斐閣 : 9-24.

木村絵里子, 2016,「〈女性美〉の歴史社会学――1880 年から 1930 年までの近代性の位相」日本女子大学博士学位論文.

―――, 2019,「メディア経験としての「東京百美人」――19 世紀末の新聞記事からみるメディア・イベントの成立過程」『マス・コミュニケーション研究』94 号 : 205-222.

木村涼子, 2000,「『主婦イコン』の誕生――美人画と婦人雑誌」『人間関係論集』17 号 : 73-99.

右田裕規, 2001,「『皇室グラビア』と『御真影』――戦前期新聞雑誌における皇室写真の通時的分析」『京都社会学年報』第 9 号 : 93-114.

成田龍一, 1996,「文明／野蛮／暗黒」吉見俊哉編『都市の空間・都市の身体 21 世紀の都市社会学　第 4 巻』勁草書房 : 27-55.

西川長夫, 1998,『国民国家論の射程――あるいは「国民」という怪物について』柏書房.

西村清和, 1997,『写真の物語・写真の哲学』講談社.

岡塚章子, 2001,「再考　明治期の写真・小川一真への視線」『現代の眼 : 東京国立近代美術館ニュース』528 号 : 5-7.

―――, 2009,「小川一眞撮影『凌雲閣百美人人工着色写真アルバム』についての考察」東京都江戸東京博物館歴史研究室編『東京都江戸東京博物館報告書』15 号 : 95-105.

―――, 2012,「明治期における写真文化の発展に小川一眞が果たした役割について」『鹿島美術財団年報』別冊 : 2012 年度版 30 号 : 433-443.

岡塚章子・我妻直美編『浮世絵から写真へ――視覚の文明開化』青幻舎 : 162-167.

大橋正叔・渡辺憲司代表・江戸吉原叢刊刊行会編,「吉原細見記」『江戸吉原叢刊（第 7 巻）』八木書店.

小沢健志, 1986,『日本の写真史――幕末の伝播から明治期まで』ニッコールクラブ.（→ 1997,『幕末・明治の写真』筑摩書房.）

小沢健志監修, 2012,『レンズが撮らえた幕末明治の女たち』山川出版社.

小沢清, 1994,『写真界の先覚 小川一真の生涯』日本図書刊行会.

ポーラ研究所, 2009,『幕末明治　美人貼』新人物往来社.

佐伯順子, 1993,「『美人』の時代」芳賀徹編『文明としての徳川日本』: 415-441 中央公論社.

———，2012，『明治〈美人〉論——メディアは女性をどう変えたか』NHK出版．

佐久間りか，1995，「写真と女性——新しい視覚メディアの登場と『見る／見られる』自分の出現」奥田暁子編『女と男の時空——日本女性史再考Ⅴ闘ぎ合う女と男——近代』藤原書店：187-237．

佐藤健二，2016，『浅草公園凌雲閣十二階——失われた〈高さ〉の歴史社会学』弘文堂．

鈴木英雄，2001，『勧工場の研究』創英社．

竹内幸絵，2011，『近代広告の誕生——ポスターがニューメディアだった頃』青土社．

多木浩二，[1988] 2002，『天皇の肖像』岩波書店．

若桑みどり，1997，『隠された視線 岩波　近代日本の美術 2』岩波書店．

———，2001，『皇后の肖像——昭憲皇太后の表象と女性の国民化』筑摩書房．

山本武利，1984，『広告の社会史』法政大学出版局．

山折哲雄，[1986] 2008，『日本人の顔——図像から文化を読む』光文社．

安村敏信，2002，「美人画の変遷」『日本美人画一千年史』人類文化社．

吉見俊哉，2000，「解説」柏木博『肖像のなかの権力——近代日本のグラフィズムを読む』講談社．

———，2016，『視覚都市の地政学——まなざしとしての近代』岩波書店．

＊1　図5　菱川師宣《見返り美人図》画像＝国立博物館所蔵品統合検索システム（https://colbase.nich.go.jp/collection_items/tnm/A-60?locale=ja）

あとがき

　「序」にも記した通り，本書は学習院女子大学でのシンポジウム「日本近代再考」にもとづいています．シンポジウムの登壇者，つまり本書の執筆者はそれぞれに定評のある研究を発表してこられた4人の社会学者・歴史学者です．企画者としては，それぞれに「日本の近代を再考する」というテーマにふさわしい研究者であると思っています．シンポジウムの企画段階からシンポジウムの内容を広く社会に知ってもらうための出版を予定していましたが，予算執行時期の都合上すぐに出版の準備を開始することができませんでした．シンポジウムから2年以上を経て，ようやく書籍化する目途が立ち，こうして読者諸氏にお読みいただけている次第です．

　書籍化が遅れた事情のもう一つは，編者が勤務先の学部運営の役職に就いていたことです．日々の授業や学生指導に加え，多くの会議，大学の自己点検・評価と外部団体による認証評価や，高大接続改革にともなう入試改革をはじめとする諸々の大学改革に思いのほか時間を取られました．ですが，もちろんこれは言い訳にしかなりません．編者に多少とも時間的な余裕ができた時点で，急遽4人に原稿の提出を依頼しました．執筆者のみなさんには，きわめて短期間であらためてシンポジウムの発表内容を論文としてまとめていただきました．非常識なお願いをした点，執筆者各位にお詫びを申し上げます．無理をこころよく引き受けていた

だき，たいへん助かりました．

　ところで，シンポジウムに関してたいへん不運だったのは，シンポジウムの前日に登壇者の1人であったマイク・フェザーストンさんが体調を崩され，当日やむなく欠席されたことです．その日は急遽編者が彼の代わりに，当時調べていた事柄の話をしましたが，それは別のかたちで公表を予定しているものですし，シンポジウムのテーマに無理やりこじつけてプレゼンテーションしたものですから，本書では割愛しました．それはともかく，「幻の」という言葉が付きそうだったフェザーストンさんの論考を，今回こうしてみなさんにお読みいただけることは幸いです．

　ヴォルフガング・シュヴェントカーさんは，出版企画が停滞しているうちに，大阪大学大学院人間科学研究科を定年退職され，ドイツに帰国されました．編者が人間科学研究科で研究員をしていた時に半年だけ彼の授業に参加する機会がありましたが，その頃からの「よしみ」だからでしょうか，別の出版企画と締切のタイミングが重なるなか，寛大にも編者の無理を聞いてくださいました．

　玉利智子さん，木村絵里子さんも，公私ともにご多忙にも関わらず，原稿の執筆に時間を割いてくださいました．お二人とも編者とはかなり視座の異なる研究をされており，本書の論文においても研究の魅力や展望は十分に伝わるでしょう．

　さらに，出版を引き受けてくださった白澤社の吉田朋子さんと坂本信弘さんに拝謝する次第です．短期間で編集作業を行なってくださったお二人のご尽力がなければ，本書は決して出来上がらなかったでしょう．出版は陰でひたむきな作業をしてくださる編集者がいてこそ成り立つものですから，もし読者諸氏が本書を何らかの点で評価してくださるので

あれば，その評価の一部を，編集をしてくださったお二人にも向けていただければと思います．

　最後に，本書は学校法人学習院の令和元年度学校長裁量枠の予算によって出版が実現しました．本書の意義を理解し，出版費用を負担してくれた学校法人学習院に対しても，この場を借りて感謝を申し上げます．また，表紙に使用した華族女学校絵葉書の画像は，学習院アーカイブズが所蔵するものです．データ提供でご協力いただいた学習院アーカイブズの桑尾光太郎さんにお礼を申し上げます．

　本書が日本の近代に関心をもつ多くの研究者の刺激となることを願います．

　　　令和2年2月

　　　　　　　　　　　　　　　　　　　　　　　　時安邦治

〈編著者・訳者一覧〉

■編者

時安 邦治（ときやす くにはる）

学習院女子大学国際文化交流学部教授

現代社会論，社会思想

共編著　木前利秋ほか編著『葛藤するシティズンシップ』白澤社，2012 年.
　　　　木前利秋ほか編著『変容するシティズンシップ』白澤社，2011 年.

論文　　「成員資格・労働・消費」，金野純編著『調和的秩序形成の課題　講座東アジア共同体論』御茶の水書房，2016 年.
　　　　「科学知のシナリオ化」，西山哲郎編『科学化する日常の社会学』世界思想社，2013 年.

翻訳　　マイク・フェザーストン『ほつれゆく文化』法政大学出版局，2009 年（西山哲郎と共訳）.

■著者（掲載順）

マイク・フェザーストン（Mike FEATHERSTONE）　………………… 第 1 章

ロンドン大学ゴールドスミスカレッジ教授（社会学）

Theory, Culture & Society (Sage) および *Body & Society* (Sage) の創刊者・編集主幹

社会文化理論，カルチュラル・スタディーズ，消費文化論，身体論など

著書　　『ほつれゆく文化』，法政大学出版局，2009 年.
　　　　『消費文化とポストモダニズム』（上・下），恒星社厚生閣，2003 年.

共編著　『自動車と移動の社会学』（新装版），法政大学出版局，2015 年.

ヴォルフガング・シュヴェントカー（Wolfgang SCHWENTKER）…… 第 2 章

大阪大学大学院人間科学研究科名誉教授

インテレクチュアル・ヒストリー（精神史，思想史）

著書　　『マックス・ウェーバーの日本』みすず書房，2013 年.
　　　　Die Samurai, 4th edition, Beck, 2019.

共編著　*Geschichtsdenken im modernen Japan*, Iudicium, 2015.
　　　　The Power of Memory in Modern Japan, Global Oriental, 2008.

玉利 智子（たまり ともこ）　…………………………………………… 第 3 章

ロンドン大学ゴールドスミスカレッジ上級講師（社会学）

消費文化論，視覚文化論，身体論

論文　　"Star Architects, Urban Spectacles and Global Brands," *International Journal of Japanese Sociology*, 28(1), 2019.
　　　　"The Department Store in Early 20th Century Japan," *Luxury: History, Culture, Consumption*, 3(1-2), 2016.

"The Rise of the Department Store and the Aestheticization of Everyday Life in Early 20th Century Japan," *International Journal of Japanese Sociology*, 15, 2006.
"A Study of the Socio-cultural Role of the Department Store and the Formation of Gender Identity in Japan," *Japan Association for Cultural Economics*, 2(2), 2000.
"The Social Roles of the Department Store in Japan," *Japan Association for Cultural Economics*, 1(4), 1999.

木村 絵里子（きむら えりこ） ………………………………… 第4章

日本女子大学学術研究員，学習院女子大学・武蔵野大学・日本大学非常勤講師
歴史社会学，文化社会学

共編著　『場所から問う若者文化──ポストアーバン化時代の若者論』晃洋書房（近刊）．

論文　「メディア経験としての「東京百美人」」，『マス・コミュニケーション研究』94，2019年．
「〈皮膚〉へのまなざし」，『日本女子大学大学院人間社会研究科紀要』22，2016年．
「近代的『恋愛』再考」，川崎賢一・浅野智彦編『〈若者〉の溶解』勁草書房，2016年．
「『情熱』から『関係性』を重視する恋愛へ」，藤村正之ほか編『現代若者の幸福』恒星社厚生閣，2016年．

■訳者

時安 邦治（ときやす くにはる） ………………………………… 第1章訳

編者を参照．

寺田 晋（てらだ くにゆき） ………………………………… 第2章訳

ハイデルベルク大学哲学部東アジア研究科博士課程修了．哲学博士．
思想史

著書　*Actors of International Cooperation in Prewar Japan*, Nomos, 2018.

論文　「シヴィリティと社会の分断」，『現代社会学研究』32，2019年．
「何が移民の貧困をもたらすのか」，『福祉社会学研究』14，2017年．

学習院女子大学グローバルスタディーズ④
日本近代再考

2020 年 3 月 30 日　第一版第一刷発行

編　者	時安邦治
発行者	吉田朋子
発　行	有限会社 白澤社

〒 112-0014　東京都文京区関口 1-29-6　松崎ビル 2F
電話 03-5155-2615 ／ FAX 03-5155-2616 ／ E-mail：hakutaku@nifty.com

発　売	株式会社 現代書館

〒 102-0072　東京都千代田区飯田橋 3-2-5
電話 03-3221-1321 ㈹／ FAX 03-3262-5906

装　幀	装丁屋 KICHIBE
印　刷	モリモト印刷株式会社
用　紙	株式会社市瀬
製　本	株式会社鶴亀製本

白澤社 刊行図書のご案内
はくたくしゃ

発行・白澤社　発売・現代書館

白澤社

白澤社の本は、全国の主要書店・オンライン書店でお求めいただけます。店頭に在庫がない場合でも書店にご注文いただければお取り寄せいただけます。

変容するシティズンシップ
——境界をめぐる政治

木前利秋・亀山俊朗・時安邦治 編著

定価2000円＋税
四六判並製192頁

今やグローバル化時代のキー概念となったシティズンシップ。本書は、その定義と歴史から《市民》と《外国人》の問題、コスモポリタニズムの可能性、シティズンシップ概念の再編まで、市民の資格をめぐる諸問題を、ギデンズ、キムリッカ、ベンハビブ、アーレント等、現代の社会理論に照らしながら探求する。

葛藤するシティズンシップ
——権利と政治

木前利秋・時安邦治・亀山俊朗 編著

定価2100円＋税
四六判並製208頁

市民的権利と社会的権利、格差社会や不平等、人間の権利と公民の権利、承認と再分配、文化的多様性など、現代社会のさまざまな葛藤のなかで民主主義理解の基礎概念であるシティズンシップを捉え直し、あるべき道を探る。シティズンシップ論のもっともアクチュアルな面を示す共同研究の成果。

表象天皇制論講義
——皇族・地域・メディア

茂木謙之介 著

定価3400円＋税
四六判上製288頁

天皇だけではなく天皇の血統のスペアとしての皇族に着眼し、地域社会における皇族の表象に中央の規範からの逸脱を指摘。さらに法維持暴力（ベンヤミン）の視点から、幕末から平成のサブカルチャーまで、メディアにおける天皇・皇族表象を読み解き、表象の集積体としての天皇（制）に迫る。

最小の結婚
——結婚をめぐる法と道徳

エリザベス・ブレイク 著／久保田裕之 監訳

定価4200円＋税
四六判上製384頁

「結婚」を道徳的、政治的に徹底検証し、伝統的な結婚のイメージから脱却し、一夫一妻をはじめ、同性同士、複数の関係、友人間のケア関係をも法の下に平等に認める「最小結婚」制度を提唱する。同性婚をめぐる承認の問題など、結婚をめぐるさまざまな議論に新たな一石を投じる書。